BEI GRIN MACHT SICH IHR WISSEN BEZAHLT

Sabine Picout

Frank Wedekind "Frühlingserwachen": Werk, Inhalt / Zusammenfassung und Biographie

GRIN Verlag

Bibliografische Information der Deutschen Nationalbibliothek:

Die Deutsche Bibliothek verzeichnet diese Publikation in der Deutschen National-
bibliografie; detaillierte bibliografische Daten sind im Internet über http://dnb.d-
nb.de/ abrufbar.

Impressum:

Copyright © 2001 GRIN Verlag GmbH
Druck und Bindung: Books on Demand GmbH, Norderstedt Germany
ISBN: 978-3-656-14319-2

Dieses Buch bei GRIN:

http://www.grin.com/de/e-book/189938/frank-wedekind-fruehlingserwachen-werk-
inhalt-zusammenfassung-und

GRIN - Your knowledge has value

Der GRIN Verlag publiziert seit 1998 wissenschaftliche Arbeiten von Studenten, Hochschullehrern und anderen Akademikern als eBook und gedrucktes Buch. Die Verlagswebsite www.grin.com ist die ideale Plattform zur Veröffentlichung von Hausarbeiten, Abschlussarbeiten, wissenschaftlichen Aufsätzen, Dissertationen und Fachbüchern.

Besuchen Sie uns im Internet:

http://www.grin.com/

http://www.facebook.com/grincom

http://www.twitter.com/grin_com

Frank Wedekind

„Frühlingserwachen"

- Inhalt jedes Abschnitts und
  Thematik (Sexualität, Tod,
  Schule,...)
- Das Werk „Frühlingserwachen"
- Inhalt und Biographie

Frank Wedekind: Frühlingserwachen:

Akt 1 / Szene 2)
S. 6 reden sie von ihren Fächern: Geographie, Geschichte, Griechisch, Latein
und Mathe; gesagt wird, dass sie viele Arbeiten haben
S.7 sie gehen in die Schule, damit sie Prüfungen machen und damit sie
durchfallen; durchfallen müssen sie , weil man 7 braucht wegen eines zukleinen
Klassenzimmers; ein Produkt der Erziehung des Menschen ist sein
Schamgefühl, das tief eingewurzelt ist in der menschlichen Natur;
S.8: es wird von der Erziehung der Buben und Mädchen gesprochen; es gibt
Gefahren durch die Instinkte;
S.9: man braucht eine neue Erziehungsmethode, weil die jetzige zur
Verweichlichung der Menschen führt;
S.11: kommt die Sexualerziehung zu Sprache und die Quellen ihrer
Sexualerziehung: die Aufklärung suchen sie in Büchern, Illustrierten, in der
Beobachtung der Natur; einer sagt, seine Gouvernante habe ihn aufgeklärt; der
„Kleine Meyer"; die Sexualerziehung ist ein Störfaktor beim Lernen; Erfolg hat
man beim Lernen, wenn man stumpfsinnig ist;
S.12: hinausgeworfen werden kann man aus der Schule, wenn man ein nacktes
Mädchen anschaut;

Szene 3 :
S.13: kommt eine Nebenbeschäftigung zur Sprache: sie schneiden sich die
Haare (Mädchen)
S.14: als Erziehungsmethode verwendet man Schläge; das Ideal der
Kindererziehung bei den Mädchen: ein Kind sollte frei sein

Szene 4:
S.16: das Gymnasium hat Parkanlagen; Moritz' Vergehen: er ist ins
Konferenzzimmer eingedrungen und als Strafe hat er einen Sonntagnachmittag
bekommen und eine Bemerkung ins Zeugnis; sein Vergehen war, dass er
nachgesehen hat, ob er Promoviert hat;

Szene 5:
Melchior will keine Konfirmation

Akte 2/ Szene 1)

S. 23: Moritz hat in der Griechischstunde geschlafen; eine Strafe von prof. Zungenschlaf ist: er zwickt die Schüler in die Ohren ; in derselben Szene erfährt man, dass die Schüler Literaturgeschichte haben;

S.25: die Schule ersetzt die Gesundheit nicht, man muss in die frische Luft und Spazieren gehen; man erfährt, dass man auch während des Spazierganges fleißig sein kann (vgl. Klosterschule);

Szene mit dem Rektor: als Hänschen Rilow zum Rektor Sonnenstich kommt um von Trenk den Tod anzuzeigen reagiert der Rektor gefühllos, kühl, als sei er nicht gerührt; er spricht nicht über den Tod des Schülers, sondern mahnt den Schüler;

Melchior liest Faust und macht sich Gedanken über das Werk, da er noch zu jung ist, muss er Faust zu zweit lesen, um das Werk besser zu verstehen; (vgl. Faust und Gretchen → Melchior und Wendla)

Frau Gabor glaubt eher an ihren Sohn, an den Menschen als an irgendeine erzieherische Maßnahme; Faust ist für Melchior strafbar und selbst wird er sich selbst für schuldig erklären;

Szene 2:
S.28: Geschichte mit dem Storch: Wendla glaubt daran → Wendla ist nicht aufgeklärt, aber sie weiß nicht wen fragen (vgl. Klosterschule); die Mutter will sie nicht aufklären, weil die Liebe ein Tabu ist; die Mutter hat Angst vor der Aufklärung (sie könnte sogar ins Gefängnis eingesperrt werden)

S.31: die Liebe zwischen Frau und Mann sei eine außergewöhnliche Sache; die Frau muss den Mann von ganzem Herzen lieben und die Frau habe Prüfungen zu bestehen (vgl. Klosterschule)

Szene 3:
S.33: Hänschen Rilow und sein Harem: verschiedene Bilder /Figuren als Symbole für die erotischen Vorstellungen des pubertierenden Jungen; diese Sammlung betrachtet er als seinen Harem; Keuschheit ist das Ergebnis einer musterhaften Erziehung, aber nicht nur bei der Frau, sondern auch beim Mann; Hänschen Rilow ist auch keusch erzogen worden;

Szene 4:
Lieben heißt für Wendla küssen; laut Melchior gibt es keine Liebe, es gibt nur Eigennutz und Egoismus;

Szene 5: Konsequenzen von schlechten Zeugnisnoten bei Moritz Stiefel:
Angst und Frust; aus Angst und Frust will er nach Amerika (unbedachte Handlung);
die Eltern könnten schlecht reagieren;
Selbstmordversuch; es wäre aber ein unlauteres, befremdendes Mittel;

ein Trost trotz dieser schlechten Noten: sehr schlechte Schüler sind trotzdem vorzügliche Menschen geworden und umgekehrt; die Frau Gabor versichert ihm, dass zwischen ihm und Melchior sich die Freundschaft nicht ändern wird;

Szene 7:
S.38: Moritz ist nicht aufgeklärt worden; betet ein gewisses Fräulein Snandulia an und wälzt Mord und Todesgedanken hin und her; trifft auf Ilse, die völlig aufgeklärt und ein Freudenmädchen ist; am Ende des 2ten Aktes bringt er sich um;

Akt 3 /Szene 1:
Konferenzzimmer: die Bilder von Jean Jacques Rousseau und Pestalozzi hängen dort; es gibt einen grünen Tisch und Gasflammen; der Rektor sitzt auf erhöhtem Sessel;
S.43: der Antrag auf Relegation (Ausschluss) eines schuldbeladenen Schülers ist nicht möglich, weil man Angst hat vor einer Selbstmordepidemie, wie es in verschiedenen Gymnasien der Fall ist; es sind Gymnasien suspendiert worden, weil 25% zum Opfer dieser Selbstmordepidemie gefallen sind.
Eindruck über diese Schule:
sowohl der Rektor als auch die Lehrerschaft tragen
komische Namen : Rektor = Sonnenstich; Knüppeldick; Zungenschlag (stottert), Fliegentod; Hungergurt; Knochenbruch; Affenschmalz; Pedell (Hausmeister an einer Schule oder Uni) = Habebald (Name befindet sich auch in Goethes Faust: einer der drei Gewaltigen)
vermummte Herr: eine symbolische Gestalt, die als Gegenspieler des toten Moritz Stiefel das Leben verkörpert; die Vermummung war nötig, weil das Leben keine Individualität hat;
die Reaktion der Professoren: der bevorstehende Ausschluss des Schülers scheint ihnen egal zu sein; sie interessieren sich für ein offenes oder geschlossenes Fenster; menschlich sind sie nichts wert;
die Sprache der Lehrer: sie ist ein belangloses hohles Geschwätz, dass ihre persönlichen Empfindungen darstellt, gerade dann, wo an Menschlichkeit appelliert wird; sie ist hochgeschwollen, pedant, redundant und hohl;
die Figuren: Spießbürger, kleinkarierte Figuren, die von sich sehr eingenommen sind und zeitweise aggressiv und beleidigend wirken (Episode Fliegentod gegen Zungenschlag mit dem Ventilator im Hirn); sie wirken unanständig;

Meinung der Schule: wenn kein Antrag auf Ausschluss vorhanden ist, dann könnte die Schule beschuldigt werden; da der Rektor und Professoren Hüter und Bewahrer der Anstalt sind, haben sie die Pflicht gegen eine drohende Suspendierung zu agieren; sie müssen bestrafen, damit die Schule nicht bestraft wird; sie können aber die Leistungen des Schülers nicht als mildernden Umstand gelten lassen, da mehr gute Schüler könnten selbstmordgefährdet werden;

Der Anlass des Todes von Moritz: ein Schriftstück, das unmoralisch ist, eine zwanzig Seiten lange Abhandlung der Beischlaf betitelt, in Dialogform, mit Lebensgroßen Abbildungen und mit den schamlosesten Unflätigkeiten gefüllt;

Haltung des Rektors und der Lehrerschaft bei der Disziplinarkonferenz: dem Beschuldigten wird keine Möglichkeit gegeben sich zu verteidigen; obwohl Melchior sich zu wehren versucht, kann er nur mit ja und nein antworten;

Szene 2:
Die Begräbnisszene an der der Rektor, der Professor Knochenbruch und die Gymnasiasten teilnehmen;
S.48: Was ist Selbstmord ? : ist Verstoß gegen die sittliche Weltordnung und der Beweis für die sittliche Weltordnung, weil sie am Schluss gewinnt, die Welt geht weiter (Rektor Sonnenstich);
Knochenbruchs Worte (hart, gefühllos, direkt): verbummelt, versumpft, verhurt, verlumpt und verludert;
S.49: Worte von Rektor und von Prof. Knochenbruch: deplaziert und sinnlos, laut Rektor S. : wir hätten ihn ja wahrscheinlich doch nicht promovieren können;
Prof. Knochenbruch: und wenn wir ihn promoviert hätten, im nächsten Frühling wäre er des allerbestimmtesten sitzengeblieben
S.50: man erfährt, dass Moritz Stiefel sich erschossen hat, weil er Probleme gehabt hat, in der Schule mitzukommen; Worte der männlichen Gymnasiasten: belangloses, unehrenhaftes Geplauder; sie reden nicht nur vom Erhängen, sondern vom Aussehen des Toten, von einer vermeintlichen 5Mark Schuld und von seinen Problemen in der Schule;
ohne Übergang sprechen sie über ihre eigenen Hausaufgaben , über ihre eigenen Probleme
S.51: Worte der weiblichen Gymnasiastinnen. ehrenhafter, man erfährt, wer die Pistole hat und warum Moritz sich erschossen hat; wegen dem Parallelepipedon die Haltung der Mädchen ist eher menschlich: sie bringen Blumen;

Szene 3:
Frau Gabors Erziehungsmethode: geistvoll, das Kind ist ein Spielzeug; Herrn Gabors Erziehungsmethode: das Kind ist kein Spielzeug, man muss es ernsthaft erziehen; Herr Gabor gegenüber Frau Gabors Erziehungsmethode: er hat geschwiegen;
laut Frau Gabor wurde Melchior schuldlos von der Schule ausgeschlossen; er muss in die Korrektionsanstalt(schweizerisch) (Besserungsanstalt und Erziehungs-) ; laut Frau Gabor ist ihr Sohn keine Verbrechernatur (er besitzt eine edle Denkweise und einen rechtlichen Charakter) , in der Anstalt wird er aber zum Verbrecher werden und untergehen; laut Herrn Gabor ist Melchior schuldig und im Kern seines Wesens angefault, dem Unmoralischen hingegeben

und geistig korrupt; die Frau Gabor entschuldigt ihren Sohn, das Schriftstück sei eine harmlose und dumme Sache gewesen (freizügige Erziehung);

S.53: Anschuldigung der Mutter, was die Schule betrifft: wer an moralische Korruption denkt, muss ein vollständig entseelter Bürokrat oder beschränkt sein (Schule ist bürokratisch und beschränkt)

S.54: Melchior Kennzeichnung: frühlingsfrohes Herz, helles Lachen, kindliche Entschlossenheit; für den Vater hat er sich vergangen, für die Mutter hat er sich nicht vergangen; dann kommt der Ausschluss von Melchior aus der Schule und sein fehltritt mit einem 15 jährigen Mädchen wird bekannt; er hat sie vergewaltigt;

S.55: kommt die Frage auf: entweder ein anderes Gymnasium oder eine Korrektionsanstalt: der Vater ist für die Korrektionsanstalt mit ihrer eisernen Disziplin, mit ihren Grundsätzen und ihrem moralischen Zwang und hauptsächlich ihrer Entwicklung ihrer christlichen Denk- und Empfindungsweise; in einer Korrektionsanstalt muss man sich fügen, man lernt das Gute und nicht das Interessante, man folgt nicht seinem Natürell, sondern dem Gesetz;

Szene 4:
In der Korrektionsanstalt hat Melchior ein Gefühl der Überwachung, er darf sich nicht absondern, muss wie die anderen tun, die Handlungen und Haltungen der Zöglinge befolgen (Vgl. Klosterschule);

Die Beschreibung der Korrektionsanstalt: es wird ein Fluchtversuch von Melchior geplant; man erfährt nicht sehr viel über die Anstalt, nur , dass unter den Fenstern Brennnesseln gepflanzt wurden und dass die Fenster aus Schmiedeeisen vergittert sind;

Szene 5:
Wendlas Krankheit: sie erwartet ein Kind; da sie nicht verheiratet ist, glaubt sie nicht, dass sie ein Kind erwartet (sie ist immer noch nicht aufgeklärt);

Szene 6:
ein Kuss auf den Mund von Hänschen und Ernst; (vgl. Klosterschule) jedesmal, wenn die Aufklärung mangelhaft ist, versuchen Buben und Mädchen in eigener Regie hinter die Geheimnisse der Sexualität zu kommen;

Szene 7:
Melchior, der aus der Korrektionsanstalt geflohen ist und als Mörder gilt, trifft auf den toten Moritz im Friedhof, beim Grab der Wendla; Melchior verachtet sich selbst; der tote Moritz lacht aber über die Menschen, ist mit sich zufrieden, weil er erhaben ist; diese Erhabenheit ist aber eine Lüge (sagt der vermummte Herr /das Leben);

Wendlas Tod: an Abortus gestorben, weil die Mutter ihr Mittel verabreicht hat (vgl. Goethe umgekehrt)

Die Moral:
S.69: Moral ist das Produkt zwischen Sollen und Wollen, sagt der vermummte Herr;
>
kleiner Meyer ... ein Konversationslexikon über alle Wissensgebiete
nach dem evangelischen Kirchenrecht kann ein Selbstmörder kirchlich bestattet werden, aber er bekommt keinen Grabstein

Pestalozzi: Johann Heinrich: 18-19Jhdt: schweizerischer Pädagoge, Sozialreformer und Schriftsteller;
Jean- Jacques Rousseau: 18Jhdt; frz. Schriftsteller, Staatswissenschaftler, Pädagoge, Verfasser des „Emil" als pädagogisches Lehrbuch
beide Schrifsteller vertreten eine fortschrittliche Pädagogik ohne Repressionen, daher Ironie, dass ihre Porträts in diesem Konferenzzimmer hängen.

Der Direktor der Korrektionsanstalt wird von Melchior Großinquisitor genannt (oberster Richter der span. Inquisition gegen die Ketzer)

1. Thematik:

Kaum ein Thema hat den Menschen und Dichter Frank Wedekind so anhaltend beschäftigt wie das der menschlichen Sexualität, und auch das zweite Thema von Frühlings Erwachen, die Schule.

Beide Themen erfahren um die Jahrhundertwende eine intensive literarische Bearbeitung. Neu allerdings ist die Verbindung beider Themen, die Darstellung sexueller und schulischer Probleme Jugendlicher während der Pubertät.

Noch provokanter als das Thema ist die Art, in der Wedekind es in seinem Drama gestaltet. Nicht dass Jugendliche als Protagonisten fungieren, ist das eigentlich Überraschende.

Die Probleme, die die Pubertät mit sich bringt, werden aus der Sicht der Pubertierenden dargestellt. Aufgrund dieser Sichtweise tritt der Zusammenhang, der zwischen den sexuellen und schulischen Nöten bestehen, von den Jugendlichen aber nicht durchschaut wird, in den Hintergrund.

Beide Themen sind zwar als aufeinander bezogene, aber gleichwohl als gegenständige Handlungsstränge durch das Drama hindurch zu verfolgen.

- Sexualität:

Es wird der Gesellschaft am Ende des 19.Jhdts Unaufrichtigkeit im Umgang mit der Sexualität bescheinigt. Dem öffentlichen Bewusstsein galt zu jener Zeit Sexualität als etwas Unappetitliches. Ihr unterworfen zu sein war man nicht bereit einzugestehen; deshalb wurde sie totgeschwiegen und, da sie nun einmal nicht ganz abzuschaffen war, diskret unter die Bettdecke ehelicher Schlafzimmer verbannt. Die Kehrseite dieser Prüderie und Tabuisierung alles Geschlechtlichen zeigte dich in der Doppelmoral der Wilhelminischen Ära. Hinter der Fassade bürgerlicher Anständigkeit fand man durchaus Wege seine Sexualität auszuleben.

Die mit dem Verlust moralischer Aufrichtigkeit erkauften Möglichkeiten sexueller Triebbefriedigung außerhalb der Ehe, die sich das männliche Geschlecht stillschweigend zustand, bleiben der Jugend verwehrt. Ebenso wie man das Kind in trügerischer Übereinstimmung mit der Grammatik der deutschen Sprache als geschlechtliches Neutrum behandelte und zum Teil auch heute noch behandelt, sprach man den Jugendlichen jeglicher sexuellen Regungen und Bedürfnisse auch noch über die Pubertät hinaus ab. Unter diesen Voraussetzungen musste eine sexuelle Aufklärung der Jugend nicht nur überflüssig, sondern geradezu widernatürlich erscheinen, weckte sie doch künstlich Bedürfnisse, deren Befriedigung ohnehin nicht möglich war. Die Erwachsenen verdrängten offenbar die Erfahrungen der eigenen Jugend und unterwarfen ihre Kinder der gleichen repressiven Sexalmoral, der sie selbst in ihrer Jugend ausgesetzt gewesen waren. Frau Bergmann rechtfertigt das Totschweigen der Sexualität ihrer Tochter gegenüber mit den Worten: Ich habe an dir nicht anders getan, als meine liebe gute Mutter ab mir getan hat.

Auch an den Mitteln, mit denen man die Einhaltung dieser moralischen Prinzipien überwachte, hatte sich im Laufe der Generationen nicht viel geändert. Die Begegnungen zwischen den Geschlechtern unterlagen der gesellschaftlichen und familiären Kontrolle. Schwerer zu unterbinden waren autoerotische Handlungen Jugendlicher. Die von Pädagogen, aber auch von Medizinern verbreitete Ansicht, dass Onanie verheerende Schäden hervorrufe, sollte die Jugendlichen von solch sexueller Betätigung abschrecken. Zudem wirkte der Einfluss der sexualfeindlich eingestellten Kirche auf die Gewissensbildung disziplinierend.

So war im letzten Grund jene Generation, der man jede Aufklärung und jedes unbefangene Beisammensein mit dem anderen Geschlecht prüde untersagte, tausendmal erotischer disponiert als die Jugend von heute mit ihrer höheren Liebesfreiheit.

In summa hat jener gesellschaftliche Druck auf unsere Jugend statt einer höheren Sittlichkeit nur Mißtrauen und Erbitterung in uns gegen alle diese Instanzen gezeitigt. Vom ersten Tag unseres Erwachens fühlen wir instinktiv, daß mit ihrem Verschweigen und Verdecken diese unehrliche Moral und etwas nehmen wollte, was rechtens unserem Alter zugehörte, und daß sie unseren Willen zur Ehrlichkeit aufopferte einer längst unwahr gewordenen Konvention."

Es ist der 26- jährige Schriftsteller Frank Wedekind, der seinen Jugendlichen Sprache verleiht. Mit dem Protest gegen bürgerliche Konventionen und dem Brechen gesellschaftlicher Tabus steht er keineswegs allein. Das geistige und insbersondere literarische Klima des letzten Jahrzehnts des 19.Jhdts. und der nachfolgenden zwei Jahrzehnten war durch eine Aufbruchsstimmung und ein Aufbegehren gekennzeichnet, das sich auf fast alle Lebensbereiche erstreckte und in der massiven Rebellion der Expressionisten gegen die Vätergeneration kulminierte. In dieser Protesthaltung darf man eine Gemeinsamkeit jener literarischen Intellektuellen sehen, die sich selbst als „Moderne" empfanden. Sie verbindet so unterschiedliche Stilrichtungen wie Naturalismus, Symbolismus, Jugendstil und Expressionismus.

Eine der vielschichtigen Ursachen für einen geistigen Aufbruch ist in den revolutionären naturwissenschaftlichen Erkenntnissen jener Zeit zu suchen. Auf dem hier interessierenden Gebiet der Sexualmoral war es jedoch die in dieser Zeit entstandenen Forschungsrichtung der Psychoanalyse, die zu einem neuen Verständnis und zu einer neuen Bewertung der menschlichen Sexualität führte und die unlöslich mit dem Namen Sigmund Freuds verbunden ist.

Es gibt verblüffende Parallelen zwischen Wedekinds literarischem Werk Frühlings Erwachen und Freuds wissenschaftlichen Erkenntnissen über die kindliche und jugendliche Sexualität. Unbestritten ist, dass Wedekind aus der Fachliteratur Kenntnisse über die Sexualforschung besaß und auf diesem Gebiet wissenschaftlich auf der Höhe seiner Zeit war.

Das grundlegende Ergebnis der psychoanalytischen Sexualforschung besteht zunächst darin, Kindern und Jugendlichen Sexualität und damit sexuelle Bedürfnisse nicht länger abzusprechen, sondern ausdrücklich zuzugestehen. Wichtiger für das Verständnis von Frühlings Erwachen ist die Erkenntnis, dass Heranwachsende eine **sexuell polymorphe Phase** durchmachen und daher Homosexualität nicht selten anzutreffen ist. Man kommt heute nicht mehr herum um die Anerkennung klinischen Beweismaterials, das zeigt, dass sexuelle Gefühle, die sich in Onanie, Voyeurismus, Exhibitionismus und sado-maochistischen Bestätigungen ausdrücken, zur normalen sexuellen Entwicklung Jugendlicher gehören. Bei all diesen Erscheinungen handelt es sich also um latente, nicht um manifeste Verhaltensweisen, um das vorübergehende Erproben sexueller Möglichkeiten während der Entwicklung, die nach deren Abschluss in der Regel nicht weiter praktiziert werden. Angesichts dieser gesicherten psychoanalytischen Erkenntnisse bleibt es unverständlich, wie auch neuere Interpreten von Frühlings Erwachen im Hinblick auf die Figuren des Dramas bezweifeln können, ob diese Jugendlichen jemals zu natürlichen unverkrampften Geschlechtsbeziehungen finden werden. Wie wenig festgelegt diese bei ihnen sind, zeigt die Figur des Hänschen Rilow. Bei seiner Onanie stimuliert er sich mit weiblichen Aktdarstellungen, nimmt jedoch daneben eine homoerotische Beziehung zu Ernst Röbel auf.
Ungeachtet ihres Übergangscharakters galten allerdings auch Sigmund Freuds pubertäre Homosexualität und Masochismus als perverse Verhaltensweise. Heute sind Psychologen und Psychoanalytiker mit solcher Disqualifizierung abweichenden Sexualverhaltens erheblich zurückhaltender.
(Szenen in denen Masturbation, sado- masochistische Anwandlungen, Homosexualität und Gruppenonanie dargestellt werden)

Frühlings Erwachen zeigt zwar deren Negation kein Zweifel aber kommt darüber auf, dass sie das Falsche ist. Die Perversion bleibt Wedekinds traurige Abweichung von der genitalen Normalität, die von den kleinen Perversen nicht erreicht werden kann. Melchior immerhin erzwingt diese genitale Normalität, lässt sich jedoch ebenso zu sadistischen Handlungen hinreißen. Und es ist keineswegs so, dass der Geschlechtsakt zwischen Melchior und Wendla als positives Beispiel für eine „richtig" praktizierte Sexualität einer angeblich perversen gegenübergestellt würde. Wedekind ist weit davon entfernt das Sexualverhalten seiner jugendlichen Akteure zu kritisieren und in ihnen kleine Perverse zu sehen. Er scheint in der Beurteilung pubertären Sexualverhaltens vielen seiner Interpreten voraus zu sein.

- Schule:

Meine ganze Schulzeit war, wenn ich ehrlich sein soll, nichts als ein ständiger langweiliger Überdruß, von Jahr zu Jahr gesteigert durch die Ungeduld, dieser Tretmühle zu entkommen.
Häufig trifft man bei ihnen auf die Einstellung, dass die Schulzeit eine Zeit sei, die es gelte, möglichst schnell hinter sich zu bringen, nach der erst das eigentliche Leben beginne. Offenbar ist es der Schule in hundert Jahren nicht gelungen, die in ihr verbrachte Zeit den Schülerinnen und Schülern als sinnerfüllten Teil ihres Lebens erfahren zu lassen und ihnen eine Identifikation mit ihrer Tätigkeit zu ermöglichen. Die Schule ist trotz aller Veränderungen, die sie in den letzten hundert Jahren unbestreitbar erfahren hat, ihrer Struktur und Funktion nach gleich geblieben. Sie wird nach wie vor als aufgegebenes Pensum erlebt und nicht als eigener Gestaltungsraum.

Alle diese Beispiele unterscheiden sich von früheren Behandlungen dieses Themas dadurch, dass die Schulzeit nicht länger als bloße Episode im Rahmen von autobiographischen Romanen oder Entwicklungsromanen erscheint, sondern zu einem eigenständigen Thema avanciert. (wachsende Bedeutung der schulischen Ausbildung im Laufe der zweiten Hälfte des 19.Jhdts.)

Die infolge der industriellen Revolution veränderten wirtschaftlichen Verhältnisse und Produktionsprozesse verlangten jedoch besser und spezieller ausgebildete Arbeitskräfte. Die erhoffte man sich von einer verlängerten und stärker auf die Bedürfnisse der Wirtschaft ausgerichteten schulischen Ausbildung. Aufgrund der Ausdehnung der Schulzeit konnte diese nun als eigener Lebensabschnitt erfahren werden.

Durch die Konkurrenz zwischen den Schulsystemen gerieten die Schüler zunehmend unter den Leistungsdruck, der häufig von ehrgeizigen Eltern noch verstärkt wurde.

Die Schule hat jedoch nicht nur auf die Interessen der Wirtschaft Rücksicht zu nehmen, sondern unterliegt als staatliche Einrichtung auch politischer Einflussnahme. (Wilhelm II: Schon längere Zeit hat mich der Gedanke beschäftigt, die Schule in ihren einzelnen Abstufungen nutzbar zu machen, um der Ausbreitung sozialistischer und kommunistischer Ideen entgegenzuwirken.)

Solche politischen Vorgaben behinderten nicht nur die freie geistige Entfaltung der Schülerinnen und Schüler, sondern knebelten nicht minder ihre Lehrer, die zu politischen Vollzugsbeamten degradiert wurden.
Die Schüler erfuhren das ihnen verordnete Pensum unmittelbar von ihren Lehrern, mussten deshalb auch diese dafür verantwortlich machen und nicht eine ihnen unbekannte und für sie unsichtbare den Lehrern vorgesetzte Schulbehörde oder gar noch diesen übergeordnete politische Instanz.

Engten diese Interessen der Wirtschaft und die Einflussnahme der Politik den Freiraum aller in der Schule Tätigen in gleicher Weise ein, so unterlagen die Schüler noch einer weiteren Beschränkung. Denn in dem Maße, in dem sich die Schulzeit der Jugendlichen verlängerte, verlängerte such auch deren Abhängigkeit vom Elternhaus.

Mit der Schulzeit wurde in den Augen der Eltern auch die Kindheit und die Zeit der Unmündigkeit ihrer Kinder verlängert und damit die Zeit, in der sie Macht über ihre Kinder ausüben konnten.

Verhängnisvoll wirkte sich die Behandlung Achtzehnjähriger als Kinder auf dem Gebiet der Sexualität aus.

Das Ignorieren der eigenen Sexualität galt als Voraussetzung für den schulischen Lernerfolg. Ganz konsequent bestand deshalb die Sexualerziehung im Wesentlichen darin, dass die unterblieb. Man kann sich vorstellen, welches Entsetzen Sigmund Freud bei seinen Zeitgenossen hervorrief, als er in einem offenen Brief von der Schule die sexuelle Aufklärung der Kinder forderte.

Damit ist ein erster Zusammenhang zwischen den beiden Themenbereichen in Wedekinds Drama angedeutet, der allerdings von den Erwachsenen dort nicht nur geleugnet, sondern in ironischer Pointierung geradezu auf den Kopf gestellt wird. Um den guten Ruf des Gymnasiums zu wahren, der durch den Selbstmord von Moritz Schaden zu nehmen droht, muss dessen wahrer Grund verschwiegen werden und Melchiors für seinen Freund verfasste Aufklärungsschrift als vorgeschobene Erklärung herhalten. Allein Frau Gabor durchschaut diese Perfidie: Man hatte einen Sündenbock nötig. Man durfte die überall lautwerdenden Anschuldigungen nicht auf sich beruhen lassen. Frau Gabor verrät freilich nicht, worin diese Anschuldigungen bestehen. Es kann jedoch keinem Zweifel unterliegen, dass Moritz Opfer elterlichen Ehrgeizes und schulischer Überforderung ist.
Wenn Wedekind in seinem Drama einen Schüler Selbstmord begehen lässt, so geht es ihm nicht um die vordergründige theatralische Wirkung, die sich damit erzielen lässt. Vielmehr entspricht diese Tat durchaus dem, was Wedekind als Schüler in seinem schulischen Umfeld tatsächlich erlebt hat. In einem Brief aus dem Jahre 1881 berichtet er einem Freund vom Selbstmord seines Mitschülers Frank Oberlin. Skeptisch hingegen wird man Wedekinds spätere Aussage beurteilen müssen, der Darstellung der familiären und schulischen Verhältnisse seiner Dramenfiguren lägen persönliche Erlebnisse zu Grunde. Demgegenüber wird man nüchtern feststellen müssen, dass Wedekind für sein Drama kaum auf eigene Erfahrungen zurückgreifen konnte. Was er dort darstellt, entspricht durchaus nicht dem, was er in seiner eigenen Familie und in seinem Schulleben erfahren hat.

2) Aufbau:

- Exposition: (1.Akt)
Frühlings Erwachen als Paradigma für die offene Form angeführt; erster Akt
bietet eine Exposition in nahezu klassischer Weise

Eingangsszene:
belanglose Plauderei zwischen Mutter und Tochter;
Hier wird nichts Bedeutsames verhandelt; es geht um die wahrlich nicht
weltbewegende Frage, ob Wendla noch ihr Prinzesschenkleid tragen darf oder
nun ein langes Kleid anziehen muss. Immerhin könnte diese Frage zu einer
Auseinandersetzung zwischen Mutter und Tochter führen. Doch selbst die findet
nicht statt, da Frau Bergmann ihre wahren Argumente verschweigt und die
Wendlas von einer noch unterbrochenen kindlichen Naivität zeugen, sodass von
einer Argumentation bei ihr eigentlich keine Rede sein kann. Wenn Frau
Bergmann Wendlas Frage, warum sie ihr Kleid so lang gemacht hat, mit der
ihrer Tochter ja nicht bekannten Feststellung begegnet Du wirst 14 Jahre heute!,
so weicht sie einer direkten Antwort aus. Und doch vermag der Zuschauer einen
Zusammenhang zwischen dem Alter der Tochter und der von ihrer Mutter für
notwendig erachteten Länge des Kleides herzustellen. Hinter Frau Bergmanns
Wusch, ihre Tochter von jetzt an züchtig verhüllt zu kleiden, steht die
unausgesprochene Befürchtung, dass diese nun, da sie 14 Jahre alt geworden ist,
das Interesse des männlichen Geschlechts zu erregen beginnen könnte. Ihre
weiteren Äußerungen enthalten deutliche Hinweise auf die fortgeschrittene
körperliche Entwicklung ihrer Tochter, die sich ihrer eigenen Geschlechtigkeit
und ihrer möglichen Wirkung auf das andere Geschlecht noch nicht bewusst ist.
Sie möchte weiter Kind bleiben und reagiert ihrem kindlichen Selbstverständnis
entsprechend. Bereits im ersten Wortwechsel des Dramas klingt also das Thema
Sexualität indirekt an.

Wenn Wendla andeutet, dass sie unter dem Bußgewand nichts anzuziehen
gedenkt und sie in dieser Aufmachung ins Gegenlicht tritt, sodass ihre
Körperkonturen unter dem Kleid sichtbar werden, so wird hier eine
ausgesprochen erotische Vorstellung evoziert. Gewiss bleibt diese unterhalb von
Wendlas Bewusstseinsschwelle, eben nur ein Ahnen ihrer Geschlechtlichkeit.
Die eingangsszene des Dramas stimmt das Thema Sexualität ganz behutsam an
und charakterisiert mit Frau Bergmanns Verschweigen und Wendlas Ahnen
bereits diese beiden Figuren in Bezug auf dieses Thema.
Die Mutter vermag nicht offen darüber zu sprechen, die Tochter steht auf der
Grenze zwischen kindlich- naiver und ahnungsvoller Unwissenheit. Nachdem so
der Zuschauer auf das Thema Sexualität eingestimmt worden ist, kann die
nächste Szene deutlichere Töne anschlagen. Das **Gespräch zwischen Melchior
und Moritz** kreist um die Erscheinungen, die der Eintritt der Geschlechtsreife bei

Jungen auslöst. Sie gestehen sich gegenseitig ein, schon männliche Regungen empfunden zu haben. Während diese bei Moritz eine Verstörung und unbestimmte Schuldgefühle hervorrufen, da er sie nicht einordnen kann, ist Melchior bereits über die biologischen Zusammenhänge informiert. Mit dem erstaunlichen Ausruf Du weißt das also noch nicht, Moritz? reagiert Melchior auf die Frage seines Freundes, auf welche Art und Weise wir eigentlich in diesen Strudel hineingeraten. Über den Vorgang der Zeugung will Moritz sich gern von Melchior aufklären lassen, aber nicht im Gespräch, wie dieser vorschlägt, sondern in Form einer schriftlichen Unterweisung.

Auf die Jungen – Szene folgt eine Mädchen- Szene. In dem Gespräch der drei Mädchen scheint es freilich auf ersten Blick um andere Dinge zu gehen als um Sexualität. Dass jedoch in beiden Szenen die Wendung vorkommt Wenn ich Kinder habe, deutet darauf hin, dass die Themen beider Gespräche gar nicht so weit auseinander liegen. Zwar steht bei den Mädchen nicht die Zeugung im Mittelpunkt des Interesses, sondern – diesen Vorgang gewissermaßen überspringend – das Kinderkriegen. Das Gespräch enthält aber noch weitere, den Mädchen freilich unbewusste erotische Elemente, z.B. Marthas Bericht einer heftigen Familiensszene.

Diese zeigt die ganze Ahnungslosigkeit Marthas, die mit den bewusst unklaren Anspielungen ihrer Eltern auf die ihr unterstellten erotischen Absichten nichts anzufangen weiß. Ferner ist aus Wendlas entschiedener Bejahung ihrer Weiblichkeit unschwer ein erotischer Unterton herauszuhören und ihr wiederholt bekundetes Interesse an den Schlägen, die Martha offenbar regelmäßig von ihren Eltern bezieht, weist auf Wendlas masochistische Wünsche voraus. Auch das auffällige Interesse der Mädchen an ihren Klassenkameraden fügt sich in den thematischen Zusammenhang dieser Szene ein.

Eine Begegnung zwischen Jungen und Mädchen folgt; letzte Szene der ersten Aktes, in der sich Melchior und Wendla zufällig im Wald begegnen.
Im Verlauf des Gespräches erzählt Wendla, dass sie geträumt habe, von ihrem Vater geschlagen zu werden. Diese Phantasie stellt tatsächlich den verdrängten Wunsch dar, vom Vater geliebt zu werden, ein Verlangen, das durch eine repressive Bewegung in den Wunsch verwandelt wurde, von ihm geschlagen zu werden. Sigmund Freud schreibt diese Rückwendung dem unbewussten Schuldgefühl wegen der sexuellen Unterwerfung unter den Vater zu. Obwohl Wendla sich das Gefühl, geschlagen zu werden, grauenvoll vorstellt, bittet sie Melchior darum, der sich nach anfänglicher Weigerung dazu bereit findet. Wendla stachelt ihn solange an, fester zu schlagen, bis er schließlich völlig unkontrolliert mit den Fäusten auf sie eindrischt. Melchiors sadistischer Ausbruch kommt ebensowenig unvorbereitet wie Wendlas masochistisches Verlangen. Bereits in dem Gespräch mit Moritz berichtet er von einem Traum – eine Entsprechung zu Wendlas-, in dem er ihren Hund solange gepeitscht habe, bis er kein Glied mehr rührte. Der masochistische Vorgang, mit dem der erste

Akt schließt, präludiert die sexuellen Handlungen der folgenden Akte. Damit ist die Exposition des Themas Sexualität abgeschlossen.

vierte Szene; wieder eine reine Jungen- Szene:
Bislang war ausschließlich von dem Thema Sexualität die Rede. Das Thema Schule wird zwar zu Beginn der zweiten Szene kurz angesprochen. Das reicht aber nicht, um den Zuschauer in dieses Thema einzuführen. Das geschieht in der vierten Szene. Obwohl Moritz erst nach einiger Zeit zu den sechs Gymnasiasten stößt, steht er von Beginn an im Mittelpunkt des Gesprächs, oder genauer, seine für alle Mitschüler ungeheuerliche Tat ins Konferenzzimmer eingedrungen zu sein und Einblick in das Protokoll der Versetzungskonferenz genommen zu haben. Überglücklich berichtet er nun, dass er zusammen mit Ernst Röbel auf Probe versetzt worden sei. Einer von ihnen beiden habe am Ende des ersten Quartals dem anderen Platz zu machen. Sein Geständnis, dass er sich im Falle seiner Nichtversetzung erschossen hätte, wird von den Mitschülern ebensowenig ernst genommen, wie in der ersten Szene Wendlas Vorausweisung auf ihren frühen Tod von der Mutter ernst genommen wird.
der erste Akt führt beide Themen an; exponiert zugleich deren jeweilige Protagonisten;
In der zweiten Szene werden Melchior und Moritz bereits dadurch aus der Gruppe der Jungen herausgehoben, dass es nach einem kurzen Auftakt heißt: Alle entfernen sich bis auf Moritz und Melchior, die beiden also den wesentlichen Teil der Szene allein bestreiten. In der dritten Szene dagegen profilieren sich keines der Mädchen deutlich von den anderen. Allerdings ist Wendla dem Zuschauer bereits aus der Eingangsszene bekannt. Endgültig werden sie und Melchior als Protagonisten des Themas Sexualität jedoch erst in der fünften Szene exponiert, während die vierte Moritz als Protagonisten des Themas Schule aufweist.

in Exposition: die Situation der Personen so zu umreißen, dass Zuschauer in konzentrierter Form mit ihr vertraut wird. → Ausgangspunkte für den Fortlauf des Stückes

Die dritte Aufgabe der Exposition, über die Vorgeschichte der Dramahelden zu informieren, entfällt, da dieses Drama ohne Vorgeschichte auskommt. Es setzt mit dem Beginn der Pubertät der jugendlichen Akteure ein; was davor war, ist ohne Belang und Bedeutung.
Während die Szenenabfolge des ersten Aktes eine klare Architektonik erkennen lässt und der Akt als Exposition in sich abgerundet wirkt, weisen seine einzelnen Szenen weitaus weniger Geschlossenheit auf. Bei ihnen springt das Ausschnitthafte als weiteres Kennzeichen der offenen Dramaform ins Auge. Nie erscheint der Anfang und nur selten das Ende einer Szene zwingend festgelegt.

- Handlungen (2.Akt) und Konsequenzen (3.Akt):
Funktion: das Thema und dessen Protagonisten zu exponieren

Diese Überlegungen dürfen nicht zu der Annahme verleiten, als sei die
Anordnung der Szenen im zweiten und dritten Akt, abgesehen von der durch die
relative Chronologie festgelegten, mehr oder weniger willkürlich.
Auch hier waltet durchaus ein dramaturgisches Prinzip, das nur nicht so
offensichtlich ist wie etwa das der griechischen Tragödie. Es ist immerhin
unschwer zu erkennen, dass die ersten beiden Szenen des zweiten Aktes
gewissermaßen die des ersten fortführen, nur in umgekehrter Reihenfolge.
Die erste Szene setzt das Gespräch zwischen Melchior und Moritz fort. Dabei
entfällt zwei Drittel auf das Thema Schule, ein Drittel auf das Thema Sexualität.
Der Wechsel zwischen beiden Themen wird recht abrupt durch Frau Gabors
unvermittelte Frage nach Melchiors Lektüre – es ist Goethes Faust –
herbeigeführt. In der zweiten Szene setzen Wendla und ihre Mutter ihr Gespräch
aus der Eröffnungsszene des Dramas fort. Hier nun bittet Wendla ihre Mutter
ausdrücklich darum, über den Vorgang der Zeugung aufgeklärt zu werden. Die
Parallelität beider Szenen wird dadurch unterstrichen, dass in beiden Frau
Bergmann den Satz spricht: Ich werde dir gelegentlich eine Handbreit Volants
unten ansetzen, mit dem sie sich einredet, das Problem dadurch erledigen zu
können, dass sie die bloßen Beine ihrer Tochter den Blicken entzieht. Die Blöße
lässt sich verdecken, nicht dagegen die Fragen und Probleme, die die
erwachende Sexualität mit sich bringt. Verräterisch ist auch das wiederholte
Ausweichen ins zeitlich Unbestimmte durch das Wort gelegentlich. Selbst das
als Ersatz für die unterlassene Aufklärung völlig untaugliche Annähen von
Volants verschiebt Frau Bergmann so lange, bis es zu spät ist.
Diese Beobachtung verweist bereits auf die den zweiten Akt bestimmende
Struktur. In ihm vollziehen sich die entscheidenden Handlungen oder eben
Nicht- Handlungen, sprich Unterlassungen, wie z.B. in der zweiten Szene die
Wendla verweigerte Aufklärung. Auch die andere Mutter in diesem Drama, Frau
Gabor, nimmt bewusst eine Unterlassung auf sich. Sie vereitelt Moritz'
Auswanderungspläne, indem sie ihm die Finanzierung der Überfahrt nach
Amerika versagt. Nun kann diese Verweigerung aus guten und wohlüberlegten
Gründen erfolgen, um Moritz klar zu machen, dass ein Davonrennen keine
Lösung für Probleme ist. Genau darüber müsste sich aber mit ihm reden. In der
Verweigerung dieses Gesprächs besteht ihre eigentliche Unterlassung.
Von den Handlungen sind zum einen der Geschlechtsakt zwischen Melchior und
Wendla, zum anderen Moritz' Selbstmord die beiden wichtigsten. Das erste
Ereignis wird in die Szene verlegt, die als vierte von sieben Szenen exakt den
Mittelpunkt des Aktes und damit des dreiaktigen Dramas überhaupt bildet. Man
kann sie deshalb als **Achsenszene** bezeichnen. Diese Platzierung liefert einen
weiteren Hinweis auf die planvolle Konstruktion des Dramas. Moritz's
Selbstmord **beschließt den 2. Akt.** Man mag diese Verzweiflungstat als

Konsequenz aus dem schulischen Versagen und der von Frau Gabor verweigerten Hilfe empfinden. Damit leitet diese Szene zum dritten Akt über, in dem die Darstellung der Konsequenz, die die Handlungen und Unterlassungen nach sich ziehen, zum bestimmenden Strukturelement wird.

Moritz' Beerdigung ist eine zu selbstverständliche Folge seines Selbstmordes, als dass mit dieser Szene im dritten Akt lediglich die Konsequenz seiner Tat gezeigt werden soll.

Auch der Geschlechtsverkehr zwischen Melchior und Wendla ist nicht ohne Folgen geblieben: sie ist schwanger; Dieser Umstand hat für beide unterschiedliche Konsequenzen, die jedoch beinahe zu dem gleichen Ergebnis geführt hätten. Frau Bergmann hat bereits bei ihrer älteren Tochter Ina erlebt, dass diese heiraten musste, weil ein Kind unterwegs war. Das wird zwar nicht ausdrücklich gesagt, lässt sich aber daraus schließen, dass Ina nach zweijähriger Ehe ihr drittes Kind bekommt. Bei der jüngeren Tochter will Frau Bergmann die erneute Schande eines unehelichen Kindes um jeden Preis verhindern. Sie lässt von einer Kurpfuscherin einen dilettantischen Abtreibungsversuch vornehmen, an dessen Folgen Wendla stirbt.

Auch für Melchior haben sowohl seine theoretische Beschäftigung mit der Sexualität als auch deren praktische Anwendung erhebliche Konsequenzen. Das Auffinden seiner für Moritz verfassten Aufklärungsschrift kommt den Eltern und Lehrern als Erklärung für Moritz' Selbstmord sehr gelegen, um von den wahren Gründen ablenken zu können. Melchior wird zum Sündenbock gestempelt und vom Gymnasium verwiesen. Allein seine Mutter findet sich bereit die Aufklärungsschrift ihres Sohnes zu verteidigen und hält seine Relegation für unberechtigt. Als sie jedoch von ihrem Mann erfährt, dass Melchior sich an Wendla vergangen habe, stimmt auch sie der Einweisung in eine Korrektionsanstalt zu. Melchiors Schuldgefühle gegenüber Wendla treiben ihn in dem Augenblick in eine psychische Krise, als er ihren Grabstein auf dem Friedhof entdeckt. Er macht sich für ihren Tod verantwortlich und sieht deshalb ähnlich wie zuvor sein Freund Moritz keinen anderen Ausweg als den Selbstmord, vor dem er im allerletzten Augenblick von dem vermummten Herrn bewahrt wird. Die Parallele zwischen der Schlussszene des zweiten und der des dritten Aktes ist ein weiterer Beleg für die symmetrische Konstruktion des Dramas, zumal sie sich nicht auf die verzweifelte Situation beschränkt, in der sich ihre Protagonisten befinden. Der vermummte Herr weist Moritz darauf hin, dass er auch ihm unmittelbar vor seiner Tat erschienen sei: Erinnern Sie sich meiner denn nicht? Sie standen doch wahrlich auch im letzten Augenblick noch zwischen Tod und Leben. Der vermummte Herr tritt jedoch in jener Szene überhaupt nicht auf. Er spielt offenbar auf das Erscheinen des Freudenmädchens Ilse an, das Moritz mit eindeutigen sexuellen Angeboten lockt und ihn damit, ohne es zu wissen, zum Weiterleben hätte bewegen können. Die Bemerkung des vermummten Herrn ist ein erster Hinweis darauf, dass dieser als symbolische Figuration des Lebenswillens zu begreifen ist.

Die einzigen Szenen, die sich nicht in das Strukturprinzip von Handlungen und Konsequenzen einfügen, sind die dritte Szene des zweiten und die vierte und sechste Szene des dritten Aktes. Alle drei bringen sexuelle Handlungen von Jungen zur Darstellung. Sie sind in sich abgeschlossen, stehen für sich und haben weder einen chronologischen noch einen handlungsmäßigen Bezug zu irgendeiner anderen Szene des Dramas. Das macht sie nicht nur beliebig verschiebbar, was allerdings für die Szene 3 /4 nur mit Einschränkung gilt, sondern wirft auch die Frage nach ihrer Funktion auf, dass sie in keiner Weise in den Handlungsverlauf eingebunden sind. Man muss diese Szenen im Zusammenhang mit den anderen Szenen sehen, in denen sexuelle Handlungen dargestellt werden. Die Probleme, die die Jugendlichen mit ihrer pubertären Sexualität haben, werden nicht kontinuierlich entwickelt, sondern in einer Addition von Einzelszenen präsentiert. Diese ist notwendig, da sie Summe der Szenen das Thema erst völlig ausschöpft.

3.Figuren und Konfigurationen:

a) Figurenkonstellation:
nicht allzu umfangreiches dreiaktiges Drama; 38 Personen; Gegenüberstellung von Jugendlichen und Erwachsenen;
Diese Grundkonstellation realisiert sich vor allem in Form von Familien, denen sich alle handlungstragenden Figuren zuordnen lassen. Neben die familiäre Opposition von Eltern und Kindern tritt die schulische von Lehrern und Schülern. Die Gruppe der Erwachsenen wird zudem durch Personen erweitert, die in ihrer beruflichen Funktion erscheinen. Zu ihnen sind außer den Lehrern noch der Pastor, der Arzt und der Leiter der Korrektionsanstalt zu rechnen. Die Gruppe der Jugendlichen gliedert sich in Jungen und Mädchen. Durch diese Gruppierungen sind bereits bestimmte Konfigurationen vorgezeichnet.

Unterscheidung der Figuren nach ihrer Bedeutung:
Winzer und Winzerinnen = teil der Kulisse
es treten nur redende Figuren auf, auch wenn einige nicht mehr als einen Satz zu sagen haben;
z.B. Redebeitrag des Schlossermeisters in der Frage an den Leiter der Korrektionsanstalt: Wünschen Sie die Gitter aus Schmiedeeisen?
und der Pendell darf acht mal die militärisch klingende Äußerung: Befehlen, Herr Rektor!

Solche Figuren, die nur in einer einzigen Szene auftreten, deren Funktion sich innerhalb dieser Szene erfüllt und nicht über sie hinausweist, werden als

Nebenfiguren bezeichnet. Sie finden sich nicht nur auf der Seite der Erwachsenen, sondern ebenso auf der der Jugendlichen. Bei den Mädchen wäre hier Thea zu nennen, bei den Jungen ist an Otto, Robert, Georg und Lämmermeier zu denken.

Figuren, die nur in einer Szene auftreten, aber gleichwohl für das gesamte Drama Bedeutung haben. Das gilt z.B. für Herrn Gabor, Pastor Kahlbauch oder Medizinalrat Dr. von Brausepulver. Bei den Jugendlichen trifft dies auf die Zöglinge der Korrektionsanstalt zu, die zwar für sich genommen allesamt Nebenfiguren sind, als Gruppe jedoch, als die sie hier auftreten, mit ihrer gemeinschaftlichen Onanie einen Aspekt des Themas pubertärer Sexualität vorführen. Noch wichtiger für dieses Thema ist zweifellos Hänschen Rilow, der außer seinem Auftritt als Nebenfigur im Rahmen der Schülergruppe zwei Szenen bestreitet. In der ersten hält er seinen Onanie – Monolog, in der zweiten nimmt er eine homoerotische Beziehung mit ernst Röbel auf. Man kann ihn trotzdem nicht zu den Hauptfiguren rechnen, da er an der Haupthandlung keinen Anteil hat. Für ihn wie für die zuvor Genannten bietet sich die Bezeichnung Episodenfigur an. In Dramen der offenen Form tritt man häufig auf Figuren dieser Art.

Eine besondere Stellung unter den Episodenfiguren nehmen der vermummte Herr, auf den später ausführlich einzugehen ist, und Ilse ein. Vom Alter her den Jugendlichen zugehörig, ist Ilse von ihnen durch ihre Lebensweise getrennt. Sie verdient sich ihren Lebensunterhalt bereits selbst als Aktmodell und – so wird man wohl hinzufügen dürfen – als Prostituierte und lebt so das Leben einer Erwachsenen, aber außerhalb der bürgerlichen Konventionen. Deshalb lässt sie sich so recht keiner der in diesem Drama vertretenen Figurengruppen zuordnen, stellt aber eine wichtige Alternative zu der bürgerlichen Welt dar, wie sie in diesem Drama vorgeführt wird. Als Hauptfiguren und Handlungsträger sind ohne Frage Melchior, Wendla und Moritz anzusehen, die im ersten Akt dieser Funktion entsprechend exponiert werden. Ihnen stehen auf Seiten der Erwachsenen Frau Gabor und Frau Bergmann gegenüber.

Hänschen Rilows Aufgabe besteht darin, pubertäres Sexualverhalten zu demonstrieren.

Festgelegt bis zur Borniertheit sind allein die Erwachsenen, offen und deshalb unsicher und ungesichert dagegen die Jugendlichen. Welche Phase des Lebens wäre wohl stärker durch Wandlung gekennzeichnet als die Pubertät? Das eigentliche Thema des Dramas ist doch gerade der Selbstfindungsprozess Jugendlicher, ihr Ringen um Identitätsgewinn, der ihnen von den Erwachsenen erschwert oder gar versagt wird. Sexualität und Schule werden als eklatante Beispiele für diesen Vorgang gewählt. Es geht darum, dass Wedekind am Thema der pubertären Sexualität Verwandlung, Spiel des Imaginären, Todesangst der Neustrukturierung der Identität usw. entdeckt und als solche auf die Bühne bringt. Dieser Vorgang vollzieht such bei dem intellektuellen Melchior, bei der kindlich- naiven Wendla und bei dem schwermütigen Moritz auf jeweils individuell unterschiedliche Weise.

b) Jugendliche und Erwachsene:

In elf der neunzehn Szenen des Dramas agieren ausschließlich Jugendliche, sieht man einmal ab von dem flüchtigen Auftauchen der beiden Gymnasialprofessoren am Ende von I/4 und dem des Leiters der Korrektionsanstalt mit dem Schlossermeister am Ende von III/4. Die Erwachsenen dagegen haben nur zwei Szenen für sich (II/5 und II/3), von denen die erste zudem ein Monolog ist. Von den verbleibenden sechs Szenen, in denen Jugendliche und Erwachsene gemeinsam auftreten, werden allein drei von Wendla und ihrer Mutter bestritten (I/1; II/2; III/5), wobei lediglich die dritte durch kurze Auftritte des Arztes und Wendlas Schwester erweitert wird. In zwei der restlichen drei gemeinsamen Szenen sind die Rollen zwischen Erwachsenen und Jugendlichen so ungleichgewichtig verteilt, dass die eine (III/1) den Szenen der Erwachsenen, die andere (II/1) denen der Jugendlichen zugerechnet werden kann. Denn in der Konferenzszene (III/1) kommt Melchior so gut wie gar nicht zu Wort und in das zweite Gespräch zwischen Melchior und Moritz (II/1) greift Frau Gabor nur an einer Stelle kurz ein. Somit bleibt eine einzige gemeinsame Szene ohne Wendla und ihre Mutter übrig und das ist die Beerdigung von Moritz. Bezeichnenderweise treten hier jedoch die verschiedenenFigurengruppen nicht mit-, sondern nacheinander auf. Erst treten die Erwachsenen ans Grab, dann die Jungen, dann die Mädchen.

Die statistische Auflistung der Konfigurationen belegt zum einen die Dominanz der Jugendlichen, zum anderen das erstaunlich seltene Aufeinandertreffen von Jugendlichen und Erwachsenen, das sie zudem mit Ausnahme der Beerdigungs- und Konferenzszene innerhalb der Familien vollzieht, noch genauer zwischen Mütter und Kindern. Für die Gegenüberstellung von Jugendlichen und Erwachsenen ist diese Konfiguration deshalb von besonderer Bedeutung. Zu einer Begegnung zwischen Kindern und Vätern kommt es bezeichnender Weise nicht.

c) Familien:

sieht man von der Familie Martha Besels ab, über die bzw. über deren Erziehungsmethode wir aus Marthas Erzählungen etwas erfahren, werden in dem Drama drei Familien vorgeführt, von denen allerdings nur die Familie Gabor komplett erscheint, auch wenn sie nicht ein einziges Mal gemeinsam auftritt. Bei Familie Bergmann fehlt der Vater, und da er überhaupt nicht erwähnt wird, muss man davon ausgehen, dass er entweder von der Familie getrennt oder, was wahrscheinlicher ist, gar nicht mehr lebt. Von der Familie Stiefel treten der Sohn Moritz und der Vater auf, dieser jedoch allein bei der

Beerdigung seines Sohnes, an der erstaunlicher Weise die Mutter nicht teilnimmt, von der nur gelegentlich die Rede ist.

Der soziale Hintergrund dieser drei Familien lässt sich aus dem Drama nur vage erschließen, aber immerhin soweit, dass man die Familie Bergmann und Stiefel dem Kleinbürgertum, die Familie Gabor dem gehobenen Bürgertum zurechnen darf. (Herr Gabor ist Jurist). Dass Herr Stiefel als Rentier bezeichnet wird, lässt ihn als Vater eines Sohnes in der Pubertät reichlich alt erscheinen. Ist Moritz Stiefel als Spätkömmling anzusehen, so Wendla Bergmann als Nachkömmling, da sie eine offenbar erheblich ältere Schwester hat. Trotz ihrer Besonderheiten und Unterschiede entsprechen alle drei Familien in ihrer Sozialisation und Struktur dem Bild der bürgerlichen Familie, wie sie sich im Laufe des 19. Jhdts herausgebildet hat. Diese war vor allem durch eine kleine Hierarchie und Rollenverteilung gekennzeichnet. Der Vater als alleiniger Ernährer und Berufstätiger der Familie übte unbeschränkte Autorität aus, während die Rolle der Mutter, abgeschlossen von der beruflichen und politischen Lebenswelt ihres Mannes, auf die häuslichen Tätigkeiten eingeschränkt wurde. Diese schlossen die Erziehung der Kinder ein. Das erklärt die szenische Dominanz der Mütter gegenüber den Vätern in Frühlings Erwachen.

Zwischen den drei Familien des Dramas lässt sich ein Vergleich der Eltern – Kind- Beziehung und der Erziehungsweisen nur bedingt anstellen. Über die Familie Stiefel werden wir – ähnlich wie bei Martha – indirekt aus Moritz' Reden und Verhalten, direkt nur in der Beerdigungsszene unterrichtet. Immerhin wird deutlich, dass Moritz unter der Autorität und dem Erwartungsdruck seines Vaters leidet, der den schulischen Erfolg seines Sohnes erzwingen will und ihn damit in den Selbstmord treibt. Die Dialoge zwischen Frau Bergmann und ihrer Tochter beschränken sich in allen drei Szenen auf das Thema Sexualität. Allerdings darf man Frau Bergmanns Ausweichversuche und ihre fehlende Handlungsbereitschaft diesem Thema gegenüber nicht allein auf die zeittypische Prüderie schieben. Als es darum geht, eine Engelmacherin zu besorgen, entfaltet sie eine resolute Aktivität.

Erheblich ausführlicher als über beide anderen Familien werden wird über die Beziehung zwischen den Mitgliedern der Familie Gabor informiert. Frau Gabor unterscheidet sich zunächst durch ihre Aufgeschlossenheit und liberale Gesinnung und ihre dadurch bestimmte Einstellung zur Jugend wohltuend von den anderen Erwachsenen. Sie hält frische Luft für wichtiger als ein korrektes Mittelhochdeutsch und stellt Gesundheit der Kinder höher als deren schulischen Erfolg – Die Schule ersetzt Ihnen die Gesundheit nicht, ermahnt due Moritz – und bekennt etwas unmotiviert ihrem Sohn- der eigentliche Adressat ist hier der Zuschauer- ihr pädagogisches Credo: Ich werde mein Vertrauen immer lieber in dich als in irgendbeliebige erzieherische Maßregeln setzen. An dieser Überzeugung hält sie auch gegenüber ihrem Mann fest, der nach Melchiors Relegation vom Gymnasium den Entschluss fasst, seinen Sohn in eine Korrektionsanstalt zu stecken. In einem heftigen Disput mit ihrem Mann wehrt sie sich zunächst entschieden gegen diese Maßnahme und verteidigt das

Verhalten ihres Sohnes. De Szene (III/3) fällt in zweifacher Hinsicht aus dem Rahmen. Es ist die einzige Szene, die der Perspektive der Jugendlichen entzogen ist und in der sich die Erwartungen an den dramatischen Dialog als argumentative Auseinandersetzung zwischen zwei gegensätzlichen Positionen erfüllen. Sowohl in ihrer Argumentation als auch in ihrer Rhetorik erweist sich Frau Gabor ihrem Mann überlegen, der zwar ihre pädagogischen Prinzipien als geistvolle Erziehungsmethode zu desavouieren versucht, diesem Erziehungskonzept aber selbst nur Phrasen – Unsere Pflicht ist es, den Wankenden zu festigen – und mehr als fragwürdige Maxime – eherne Disziplin, Grundsätze und einen moralischen Zwang – entgegenzusetzen hat. Frau Gabors liberale Gesinnung stößt jedoch schnell an ihre Grenze und die Verteidigung ihres Sohns findet ein jähes Ende, als ihr Mann entdeckt, dass Melchior sich an Wendla vergangen hat. Was die juristischem Denken verpflichtete Argumentation ihres Mannes nicht vermochte, das bewirkt mit einem Schlag diese Eröffnung: Frau Gabor fordert nun selbst zur Überraschung ihres Mannes Melchiors Einweisung in die Korrektionsanstalt. Dieser plötzliche Gesinnungswandel ist nicht allein auf ihre moralische Entrüstung zurückzuführen. Mit seiner sexuellen Aktivität hat sich Melchior dem mütterlichen Einfluss – und Kontrollbereich entzogen, hat sich ein Stück weit verselbstständigt. Dieser Autoritätseinbuße verkraftet Frau Gabor nicht. Damit erweist sich ihre scheinbar liberale Gesinnung lediglich als eine Variante elterlichen Machtanspruchs.

Bezeichnend an dieser Auseinandersetzung ist, dass die Eltern ihre Entscheidung fällen, ohne ihren Sohn anzuhören. Diesen in den Entscheidungsprozess einzubeziehen, scheint ihrem elterlichen Rollenverständnis zu widersprechen. Noch offensichtlicher wird die von den Erwachsenen verfolgte Strategie der Vermeidung von Konfrontationen mit den Jugendlichen bei Frau Gabors Ablehnung, Moritz das Geld für die Überfahrt nach Amerika zu verschaffen. Es wird dafür die recht künstlich wirkende Form des Brief Monologs gewählt.

Frau Gabor weicht jedoch einem Gespräch bewusst aus, weil es leichter fällt, jemandem einen abschlägigen Bescheid schriftlich zukommen zu lassen als persönlich mitzuteilen.

d) Rollentausch zwischen Jugendlichen und Erwachsenen:
Auch die Jugendlichen scheinen nicht auf eine Konfrontation mit den Erwachsenen aus zu sein, obwohl die meisten von ihnen entweder unter den Eltern oder den Lehrern oder beiden zu leiden haben. Sie nehmen die Behandlung hin, ohne sich dagegen aufzulehnen oder gar zu rebellieren. Daran denkt nicht einmal die von allen am ärgsten betroffene Martha, die von ihrem Vater krumm geschlagen, von ihrer Mutter über Nacht ins Kohlenloch gesperrt wird oder im Sack schlafen muss. Auch Moritz arbeitet für seine endgültige Versetzung nur deshalb bis an den Rand völliger physischer Erschöpfung, weil

er fürchtet, dass bei seinem Versagen den Vater der Schlag rührt und die Mutter ins Irrenhaus kommt. Als er es trotzdem nicht schafft und deshalb beschließt sich umzubringen, spricht er seine Eltern von jeglicher Schuld frei (Meine Eltern mache ich nicht verantwortlich). Wendla schließlich fleht ihre Mutter geradezu unterwürfig um Aufklärung an und will ihr das Reden auf jede erdenkliche Art erleichtern.

Durch die faktische Unterordnung der Jugendlichen unter de Autoritätsanspruch der Erwachsenen darf man sich jedoch nicht den Blick für die wahren dramatischen Machtverhältnisse verstellen lassen. Nicht die Kinder sind ihren Eltern und Lehrern ausgeliefert, vielmehr liefern genau umgekehrt das Drama die Erwachsenen der schonungslosen Kritik der Jugendlichen aus und lässt sie darin lächerlich erscheinen. Das wird nirgendwo deutlicher als in der Konferenzszene (III/1). Sie gerät zu einer Karikatur aus der Sicht der Schüler. Das zeigen schon die Namen, die der Rektor und de Gymnasialprofessore erhalten. „Sonnenstich", „Hungergurt", „Knochenbruch", „Affenschmalz", „Knüppeldick", „Zungenschlag" und „Fliegentod" sind nichts anderes als Spitznamen, wie sie Pennäler ihren Lehrern zu geben pflegen. Die karikierende Namensgebung beschränkt sich jedoch nicht auf die Lehrerschaft, sondern erfasst alle Autoritätspersonen, den Pastor Kahlbauch ebenso wie den Medizinalrat von Brausepulver oder den Direktor der Korrektionsanstalt Prokrustes.
De Schüler haben ihre griechische Mythologie gelernt und verstehen es, sie situationsgerecht anzuwenden.
Die Spottnamen werden durch das Verhalten ihrer Träger bestätigt. Bei den Lehrern ist hier nicht allein an das Stottern des Kollegen Zungenschlag zu denken, sondern an das Verhalten des gesamten Kollegiums in der Konferenz. Sein Beitrag erschöpft sich in dem Disput, ob man das Fenster öffnen oder geschlossen halten solle. Der Medizinalrat Dr. von Brausepulver erweist sich als unfähig, bei Wendla die Schwangerschaft festzustellen, die ihre Mutter längst erkannt hat. Überdies macht er sich mit seiner Verordnung und Therapie ebenso lächerlich wie mit seinen Auskünften über die Krankheitsfälle seiner adeligen Patientinnen. Nicht viel besser steht Pastor Kahlbauch da seiner Predigt am Grabe von Moritz, die zu einem einzigen Verdammungsurteil des unglücklichen Selbstmöders gerät und wenig christliche Denkungsart erkennen lässt. Aber auch die anderen erwachsenen Beerdigungsteilnehmer disqualifizieren sich mit ihren Kommentaren, die ihren Schaufelwurf an Erde in das Grab begleiten. Markaber klingt es, wenn Onkel Probst dem Vater, der soeben sein einziges Kind beerdigt, die Worte mit auf den Weg gibt: Jetzt hast du vor allem die Pflicht, an sich zu denken. Du bist Familienvater! Zynismus spricht aus dem „Trost", den Rektor Sonnenstich für Rentier Stiefel bereit hat: Wir hätten ihn ja wahrscheinlich doch nicht promovieren können. Den Gipfel der Perfidie erreicht jedoch Rentier Stiefel selber mit seiner wiederholten Bemerkung: der Junge war

nicht von mir!, mit der er nicht nur seinen Sohn verleugnet, sondern zugleich seine Frau einer schwerwiegenden Verdächtigung aussetzt.

Wie anders verhalten sich dagegen die Klassenkameraden! Zwar verdrängen die alltäglichen Schulprobleme rasch die Trauer um den toten Mitschüler, aber diese ist immerhin spürbar, sowohl hinter den Gedanken, die sie sich um den Zustand von Moritz' Leiche machen als selbst hinter scheinbar so kaltschnäuzigen Äußerungen wie Mir ist er nämlich noch 5 Mark schuldig. Diese wie auch die ähnliche Bemerkung Auf gemeinere Art hätte er sich nicht empfehlen können! sind nichts anderes als Versuche der Jungen, ihre Betroffenheit mit Schnoddrigkeit zu kaschieren, eine ihrem Alter durchaus gemäße Art der Trauerbewältigung. Keinen Zwang tun ihren Gefühlen die beiden Mädchen Ilse und Martha an, die sich als Letzte zum Grab schleichen. Sie wollen es in eine Blumenpracht verwandeln. Von Ilse erfährt man auch den authentischen Hergang der Tat.

Was Frühlings Erwachen vorführt, ist ein Stück verkehrte Welt. Die Jugendlichen benehmen sich wie Erwachsene, das Verhalten der Erwachsenen wirkt dagegen ausgesprochen kindisch. Dieser Rollentausch ändert freilich nichts an der Gegenüberstellung beider Gruppen.

Bereits das seltene Aufeinandertreffen von Jugendlichen und Erwachsenen zeigt, dass das Drama an einer Auseinandersetzung zwischen beiden Gruppen nicht interessiert ist. Selbst an den wenigen Stellen, wo eine Konfrontation möglich wäre oder sogar dramaturgisch nahe läge (II/5), wird diese geradezu peinlich vermieden. Der Generationkonflikt ist nicht das Thema dieses Dramas.

e) Die Begegnung zwischen Melchior und Wendla:

Das Drama der geschlossenen Form hält sich mehr oder weniger strikt an die Forderung der sogenannten drei Einheiten.

Damit ist gemeint, dass das Drama eine durchgehende, auf wenige Akteure beschränkte Handlung aufweisen soll, die sich ohne Wechsel des Schauplatzes und innerhalb von 24 Stunden zu vollziehen hat. Keine dieser drei Forderungen wird von Frühlings Erwachen erfüllt, das in dieser Hinsicht tatsächlich exemplarisch für das Drama der offenen Form stehen kann. Nur 2 Szenen spielen an demselben Ort, nämlich im Wohnzimmer der Familie Bergmann (I/1; II/2)., alle anderen haben ihren eigenen Schauplatz. Der dargestellte Zeitraum lässt sich aufgrund der Angabe von Wendlas Geburts- und Todesdatum auf ihrem Grabstein recht genau bestimmen. Da das Stück an Wendlas 14 Geburtstag beginnt, der mit dem 5. Mai angegeben wird, und ihr Todestag auf den 27. Oktober desselben Jahres fällt, umfasst das Drama folglich einen Zeitraum von etwa sechs Monaten. Von einer durchgehenden Handlung kann auch nicht die Rede sein; sie zerfällt vielmehr in eine Reihe mehr oder weniger oder auch gar nicht miteinander verknüpfter Episoden mit zum Teil immer neuen Figuren. Durch diese wenig kontingente Handlung ziehen sich gleichsam als roter Faden die Begegnungen zwischen Melchior und Wendla, anhand derer sich Thema, Aufbau und kritischer Absicht des Dramas exemplarisch aufzeigen lassen.

Die erste Begegnung erfolgt ganz beiläufig am Ende von I/3, erfüllt aber gerade so ihre vorbereitende Funktion. Es heißt dort: Melchior (geht vorüber und grüßt). Sofort wird Melchior zum Gesprächsgegenstand der Mädchen, die unverhohlen ihre Bewunderung für ihn bekunden. Als Matha und Thea dann jedoch recht schnell auf Moritz Stiefel und Hänschen Rilow zu sprechen kommen, kehrt Wendla mit der letzten Äußerung dieser Szene wieder zu Melchi Gabor zurück. Damit wird bereits eine Beziehung zwischen diesen beiden Figuren angedeutet.

Auch die zweite Begegnung, die die gesamte übernächste Szene (I/5) füllt, scheint sich zufällig zu ergeben. Melchior und Wendla begegnen einander im Wald. Die Szene gliedert sich in drei Phasen. In der einleitenden bekunden beide gegenseitig ihr Erstaunen.

Wendlas Tätigkeit liefert einen weiteren Beleg für ihr kindlich unschuldiges Gemüt, die Melchios weist auf seine intellektuell – grüblerische Veranlagung hin.

Die zweite Phase wird mit Melchiors Ankündigung eingeleitet, dass er schon seit Wochen Wendla etwas fragen wolle. Was nun beginnt, nachdem sich beide unter einer Eiche gelagert haben, ist weniger ein Gespräch als vielmehr ein Verhör, das Melchior mit Wendla anstellt. Es geht um Wendlas Motiv, aus dem heraus sie armen Familien Essen und Kleidung bringt. Melchior spielt Wendla gegenüber seine ganze intellektuelle Überlegenheit aus und dreht ihr, sofern es überhaupt auf ihre Antworten eingeht, die Worte derart im Munde herum, dass das Ergebnis der Befragung zwangsläufig zur Bestätigung seiner schon vorher gewonnenen Überzeugung führt: Es gibt keine Aufopferung! Es gibt keine Selbstlosigkeit!

Abrupt leitet Melchior dann mit der Frage, was Wendla vorhin geträumt habe, zur dritten Phase über. Es folgen Wendlas Schlag- Phantasien, die schließlich in die sado- masochistischen Handlungen übergehen. Damit ist der erste sexuelle Kontakt zwischen den beiden hergestellt, der seine Fortsetzung und seinen Höhepunkt in der Szene II/4, der Achsszene des Dramas, findet. Die Art und Weise, wie es zum Geschlechtsverkehr zwischen den beiden kommt, rechtfertigt nicht eindeutig, hier von einer Vergewaltigung Wendlas durch Melchior zu reden, auch wenn die Szene häufig so verstanden wird und Melchior selbst später in der Korrektionsanstalt seine Handlungsweise so bezeichnet. Zunächst einmal ist zu berücksichtigen, dass Wendla es ist, die Melchior auf den Heuboden nachfolgt. Dabei ist aufgrund ihrer Äußerungen in der Eingangsszene des Dramas durchaus in Rechnung zu stellen, dass ein ihr unbewusstes erotisches Verlangen sie in Melchiors Nähe zieht. Dieser, wohl in der Ahnung, Wendlas erotischer Ausstrahlung und dem eigenen Geschlechtrieb nicht widerstehen zu können, weist Wendla mit aller Entscheidenheit von sich, bis hin zu der Androhung sie die Tenne hinunterzuwerfen. Dann allerdings nutzt Melchior Wendlas Unwissenheit aus, wobei sein Ausruf Es gibt keine Liebe! – Alles Eigennutz, alles Egoismus, der unmittelbar vor der körperlichen Vereinigung ausgesprochen zynisch klingt. Denn zwei Szenen zuvor ist Wendla von ihrer Mutter belehrt worden: Um ein Kind zu bekommen – muss man den Mann – mit dem man verheiratet ist ... lieben – lieben sag ich dir- wie man nur einen Mann lieben kann !. Da sie weder mit Melchior verheiratet ist noch ihn bewusst liebt, besteht in ihren Augen überhaupt keine Möglichkeit, dass aus dieser Situation ein Kind entsteht. Entsprechend verdreht ist ihre Argumentation, mit der sie Melchiors Küsse abwehrt: Man liebt sich – wenn man küsst. Normalerweise ist es eher umgekehrt: Man küsst sich, wenn man sich liebt.

Was in dieser Szene geschieht, wäre zweifellos unterblieben, wenn Wendla von ihrer Mutter aufgeklärt worden wäre, worum sie diese zwei Szenen zuvor flehentlich gebeten hat. Gleichgültig also, wie hoch man den Anteil Wendlas unbewusstem erotischen Verlangen und den von Melchiors ungezügelter Sexualgier an dem Vorgang veranschlagt, die Hauptschuld weist das Drama eindeutig Frau Bergmann zu. Ihre Unterlassung ermöglicht erst die Handlung, deren Konsequenzen der dritte Akt vorführt. In diesem kommt es nur noch zu einer Begegnung zwischen Melchior und Wendla, die freilich von ganz besonderer Art ist. Die Flucht aus der das Leben erstickender Enge der Korrektonsanstalt führt Mlchior in der Schlussszene des Dramas nicht zurück ins Leben, vielmehr zieht es ihn erstaunlicherweise zu den Toten auf den Friedhof. Die Wahl dieses Ortes deutet auf seine eigene innere Nähe zum Tod hin. In dem die Szene einleitenden Monolog äußert Melchior tatsächlich Gedanken an einen Selbstmord, zu dem er sich allerdings nicht fähig glaubt: Nicht so viel Kraft mehr, um abzuschließen... Ich brächte ja den Mut nicht auf! er dann jedoch auf Wendlas Grabstein stößt, verstärkt diese Begegnung seine Selbstmordabsichten, da er glaubt an ihrem Tod schuldig zu sein: ich bin ihr Mörder!

Dass der Grabstein bereits im Erstdruck des Dramas als solcher im Text abgebildet ist, eingeschoben in Melchiors Monolog, erlaubt es, diese Szene durchaus als Begegnung zwischen Melchior und Wendlas angeblicher Todesursachen (gestorben an Bleichsucht) vervollständigt die Kritik an Frau Bergmann. Nach der unterlassenen Aufklärung ihrer Tochter macht sie sich de von ihr veranlassten Abtreibungsversuche schuldig und nun verfälscht sie auch noch Wendlas wahre Todesursache. Der Zusatz Selig sind, die reinen Herzens sind ... deutet auf Frau Bergmanns Wissen hin, dass ihre Tochter ahnungslos schwanger und ebenso ahnungslos in den Tod geschickt worden ist, sie selbst an ihrem Schicksal also keine Schuld trifft. Mit diesem Eingeständnis wird nicht nur der Vorwurf Wendla, Wendla, Wendla, was hast du getan! zurückgenommen, sondern durch den Zynismus, den die Verwendung des Bibelzitats auf diesem Hintergrund darstellt, Frau Bergmanns Schuld nochmals um eine Dimension erweitert.

f) De symbolisch – psychologische Konfiguration der Schlussszene:
Der Auftritt des toten Moritz Stiefel und des vermummten Herrn in der
Schlussszene des Dramas hat die Fantasie der Interpreten in besonderem Maße
beschäftigt. Von beiden Figuren wird meist dem vermummten Herrn ein
größeres Interesse entgegengebracht als dem toten Moritz, obwohl doch beide
von gleicher dramaturgischer Beschaffenheit sind und der Auftritt der einen
Fgur den der anderen bedingt. So unterschiedlich die Deutung dieser Figuren
auch ausfällt, Einigkeit herrscht zumindest darüber, dass man es hier mit einer
Konfiguration zu tun hat, die jenseits aller Realität liegt. Für die weitere Klärung
empfiehlt es sich, sehr genau den Moment in Melchiors Monolog zu beachten,
in dem der tote Moritz auftaucht.
Die Konfrontation mit Wendlas Grabstein, so hatten wir im vorigen Abschnitt
festgestellt, bringt Melchior dem Entschluss näher Selbstmord zu begehen. Dazu
scheint allerdings sein Ausruf Fort von hier! – Fort nicht recht zu passen, mit
dem er sich ja nicht von dieser Welt verabschieden, sondern den eigenen
Selbstmordgedanken entfliehen will. Genau in diesem Augenblick erscheint
Moritz und hält Melchior mit den Worten auf: Einen Augenblick, Melchior! Die
Gelegenheit wiederholt sich so bald nicht. Mit dieser aus Moritz' Sicht
günstigen Gelegenheit ist Melchiors verzweifelte seelische Verfassung und
dadurch bewirkte Todesbereitschaft gemeint. Mit dem Auftritt von Moritz als
lebender Leichnam greift Wedekind das im Drama seit der griechischen Antike
bekannte Motiv des Wiedergängers auf. Die in früherer Zeit im Aberglauben
und in der Volksdichtung verbreitete Vorstellung von der Rückkehr
Verstorbener, die sich in Resten im Ritus des zweiten Begräbnisses vereinzelt
bis in die Gegenwart erhalten hat, war zumeist von der Befürchtung begleitet,
dass der Wiedergänger einen Menschen aus seiner Umgebung in den Tod nach
sich ziehen könnte. Genau das versucht Moritz. Indem er Melchior die Vorzüge
seines Zustandes preist, will er diesen zur Ausführung des Selbstmordes
überreden. Die wiederholte und immer dringlichere Aufforderung, ihm die Hand
zu reichen, ist die szenisch sinnfällige Geste für dessen Vollzug. Dass Moritz
mit seinem Kopf unter dem Arm auftritt, entspricht ebenfalls der volkstümlichen
Vorstellung vom Wiedergänger. Das Spukmotiv wird zusätzlich noch mit einem
Märchenmotiv verknüpft: In II/1 gibt Moritz die ihm von seiner Großmutter
erzählte Geschichte von der kopflosen Königin wieder. Wenn er anschließend
berichtet, dass er sich zuweilen selber als kopflose Königin erscheine, so ist dies
eine deutliche Vorausweisung, die unmittelbar vor seinem Selbstmord verstärkt
wird, wenn er von drüben her ... die kopflose Königin winken sieht. Bei der
Beerdigung kolportiert Ernst das Grücht über Moritz, er habe gar keinen Kopf
mehr.
Auch diese Äußerung wahrt mit der Nennung der Königskerzen noch den Bezug
zu dem Märchen.

Wedekind benutzt das Motiv des Wiedergängers mit dessen todbringender Kraft zur Darstellung eines psychischen Vorgangs. Der Dialog zwischen Melchior und dem toten Moritz gibt Melchiors innere Auseinandersetzung mit der Möglichkeit des Selbstmords wieder und seine wachsende Bereitschaft zu diesem Schritt. Das bedeutet aber, dass der reale Bühnenraum, der Friedhof, sich mit Moritz' Auftritt in Melchiors Seelenraum verwandelt. Dass Melchiors Freund ebenfalls freiwillig aus dem Leben geschieden ist, prädestiniert ihn dazu, als dramatische Personifikation von Melchiors Lebensmüdigkeit zu fungieren. In dem Augenblick, da Melchior im Begriff ist, n Moritz' dargebotene Hand einzuschlagen, aber dennoch zögert, tritt der vermummte Herr auf, der sich mit seinen Attacken gegen Moritz gleich als dessen Gegenspieler ausweist. Sein Bemühen ist es, Melchior buchstäblich Moritz' Händen, und das heißt, dem Tod, zu entreißen und zum Weiterleben zu überreden. Begreift man den toten Moritz als Figuration von Melchiors Lebensmüdigkeit, so wird man den vermummten Herrn als Verkörperung seines Lebenswillens ansehen dürfen. Demzufolge wären beide Gestalten als Projektionen des zwischen Leben und Tod Schankenden zu verstehen.

Indem Moritz der Lüge überführt, als Scharlatan entlarvt und zu dem Eingeständnis zwingt, bramarbasiert zu haben, vermag er Melchior dazu zu bringen, mit ihm zu gehen. Genau besehen, beruht sein Sieg nicht auf seiner Überlegenheit, sondern auf der Unterlegenheit seines Widersachers.

Den letzten Ausschlag zu seinen Gunsten gibt sogar Moritz, indem er Melchior rät: Laß dich von ihm traktieren und nütz ihn aus. Doch dieser will sich nicht so ohne weiteres auf den Unbekannten einlassen. Auf seine wiederholte Frage, wer er denn sei, gibt der vermummte Herr keine oder nur ausweichende Antworten. Eine davon ist jedoch sehr aufschlussreich. Er sagt zu Melchior: Du lernst mich nicht kennen, ohne dich mir anzuvertrauen.

Begreift man den vermummten Herrn als Inkarnation von Melchiors wiedererwachtem Lebenswillen oder schlicht des Lebens selbst, so wird die Aussage verständlich. Denn das Leben lernt man ja tatsächlich erst in seinem Vollzug kenne, indem man sich darauf einlässt, nicht, indem man es wegwirft. Auf der Handlungsebene lässt sich das Ergebnis der Szene in der trivialen Feststellung zusammenfassen, dass Melchiors Selbsterhaltungstrieb stärker ist als sein Todeswunsch, das Leben, wie immer es auch aussehen mag, besser ist als der Tod.

Es trägt zusammen mit anderen Elementen, die später in den Blick zu nehmen sind, lediglich dazu bei, die Ernsthaftigkeit der Szene zu mildern, Tragik und Komik in der Balance zu halten.

4.Gegensatzstruktur und dramatische Konzeption:
a) Innen – Außenraum:

Raumtypen: Innen- und Außenraum

Zehn Szenen spielen in geschlossenen Räumen, neun im Freien. Es ist gewiss kein Zufall, dass die Erwachsenen, abgesehen von der Beerdigungsszene (II/2), nur in geschlossenen Räumen auftreten. Dem kommt zweifellos zeichenhafte Bedeutung zu. Der geschlossene Raum symbolisiert die Engstirnigkeit der kleinbürgerlichen Lebenswelt und Denkungsart. Ihre satirische Überspitzung erfährt diese Raumsymbolik in der Konferenzsszene, in der sich das Lehrerkollegium in der Art der Schildbürger jede Öffnung nah außen verschließt. Eins der beiden Fenster des Konferenzzimmers hat man bereits zumauern lassen, der Antrag, das andere zu öffnen, wird mit drei gegen drei Stimmen abgelehnt. Darauf schlägt der Antragssteller vor, das andere Fenster auch noch zumauern zu lassen.

Soweit die Jugendlichen der Herrschaft der Erwachsenen unterworfen sind, werden auch die in enge Räume gezwängt. Als extremes Beispiel steht dafür die Korrektionsanstalt, deren Fenster mit schmiedeeisernen Gittern versehen werden sollen, um jeden Fluchtversuch zu verhindern. Melchior der die ganze Szene über abgesondert von den anderen gegen das Fenster gewandt steht, entschließt sich noch gerade rechtzeitig zur Flucht. Nimmt man die Raumsymbolik ernst, lässt sich Melchiors Ausbruch aus der Korrektionsanstalt als Ausbruch aus der Gesellschaft überhaupt begreifen. Eine dritte, zu den beiden anderen kontrastierende Fensterszene findet sich in dem zweiten Gespräch zwischen Melchior und Moritz. In dem einleitenden Nebentext heißt es Das Fenster steht offen und Moritz nimmt ausdrücklich auf die Landschaft draußen Bezug. Es zieht Moritz unwiderstehlich nach draußen in die Natur. Auch sein Monolog unmittelbar vor seinem Selbstmord enthält an mehreren Stellen gefühlsvolle Naturbeschreibungen.

Auch wenn man die Natur als bevorzugten Aufenthaltsort der Jugendlichen ansehen mag, vereinfacht man die Raumgestaltung in unzulässiger Weise, wenn die Gegenüberstellung von Außen- und Innenraum mit der von Natur und Unnatur das schlechthin Negative repräsentiert. Natur heißt ... unverdorbener Mensch, naives Kind, unberührte Schöpfung (Tier und Pflanze), Außenwelt im Gegensatz zur Scheinkultur der Gesellschaft, zur abgeschlossenen bürgerlichen Welt, zu Innenräumen. Zum einen dürfen die Außenräume nicht generell mit Natur gleichgesetzt werden. Das erste Gespräch zwischen Melchior und Moritz findet zwar vermutlich im Freien statt, die Szene (I/2) enthält jedoch nur eine Zeit-, aber keine Ortsangabe (Sonntag abend 6); die Mädchen in den folgenden Szenen (I/3) unterhalten sich auf der Straße, und ob der Friedhof (III/2;III/7) als unberührte Natur gelten darf, ist zumindest fraglich. Zum anderen kommt auch dort, wo eindeutig eine Naturlandschaft zum Schauplatz gewählt wird, dieser nicht unbedingt eine positive Bedeutung zu. Wenn Wendla in der Szene I/5 vom Weg abgekommen ist, sie sich daraufhin im Wald verirrt hat und dann plötzlich Melchior vor ihr steht, so erinnert dies Szenarium an das Mädchen vom Rotkäppchen und dem bösen Wolf. Zwar wird Wendla am Ende nicht gefressen, aber immerhin von Melchior verprügelt.

Einem anderen Märchen ist das Szenarium der Weinbersszene (III/6) entnommen, nämlich dem vom Schlaraffenland. Hänschen Rilow und Ernst Röbel hängen die reifen Trauben förmlich in den Mund. Ohne große Anstrengung können sie im Überfluss schlemmen. Dieses Szenarium korrespondiert zu dem Gegenstand ihres Gesprächs. Sie antizipieren ihre Rolle in der Erwachsenenwelt und sehen die Zukunft als Milchsette mit Zucker und Zimt an. Das Leben in der bürgerlichen Gesellschaft kann ebenso wie das im Weinberg dem im Schlaraffenland gleichen, wenn man sich nur darin einzurichten versteht. Warum nicht abschöpfen? ist ihre Devise. So optimistisch, wie die beiden Jungen ist ihre gesellschaftliche Rolle ausmalen, und so ungetrübt, wie sie ihr kindliches Schlaraffenland genießen, kann der Zuschauer weder ihren Zukunftsentwurf noch die landschaftliche Idylle empfinden, de etwas Trügerisches hat. Es ist der letzte Glanz einer untergehenden Landschaft, und er wirkt irgendwie falsch, fast kitschig, unnatürlich, ornamental, jugendstilhaft. Der Interpret widerspricht sich jedoch fast selbst, wenn er wenig später dieselbe Kulisse im Vergleich mit der der Heubodenszene (II/4) positiv bewertet: Die Landschaft ist schön, hell, freundlich. Die Szene spielt draußen in der Natur, während der Heuboden einen dunklen, geschlossenen Innenraum darstellt. Von allen Innenräumen des Dramas ist der Heuboden der am wenigsten geschlossene. Auch seine Ausstattung mit frischem Heu weist auf seinen engen Bezug zur Natur hin. Nicht zufällig stellt die Achsenszene des Dramas eine Verbindung zwischen Innen- und Außenraum her. Vollends aufgehoben wird der Gegensatz zwischen beiden Raumtypen im letzten Teil der Schlussszene, wenn sich der reale Bühnenraum in Melchiors Seelenraum verwandelt.

b) Realismus – Stilisierung:
Man wird per Zufall geboren und sollte nicht nach reiflicher Überlegung – es ist zum Totschießen!
Dieser Satz aus Moritz' Abschiedsmonolog erfüllt den Tatbestand dessen, was in der Rhetorik als Aposiopese bezeichnet wird.
Während alles das, was mit Sexualität zu tun hat, aus Scham oder gesellschaftlichem Zwang unausgesprochen bleibt und Melchior deshalb das männliche und weibliche Geschlechtsteil nur mit dem Anfangsbuchstaben P und V zu benennen wagt, während sich also dies Verstummen und Verschweigen aus dem Gesprächsthema ergibt.
Es gibt ja keinen Kommunikationspartner, auf den Rücksicht zu nehmen wäre oder der Hemmnis für den Redenden darstellen könnte. Trotzdem nennt Moritz sein Vorhaben der Selbsttötung ebensowenig beim Namen wie Melchior in seinem Selbstgespräch in der Korrektionsanstalt seine Fluchtabsicht direkt ausspricht. Das elliptische Sprechen, das die Hauptsache untersagt lässt, ist um so erstaunlicher, als an anderen Stellen des Dramas der Dialog auch unbedeutende Details ausführlich mitteilt, wenn z.B. Ina ihrer Schwester Wendla den Grund für ihren frühzeitigen Aufbruch erklärt: Müller erwartet mich

vor der Post, und ich muss zuvor noch zur Schneiderin. Mucki bekommt seine ersten Höschen, und Karl soll einen neuen Trikotanzug auf den Winter haben. Solche Ausführlichkeit steht indes nicht nur zur Aposiopese im Gegensatz, sondern auch zu einem Sprachverhalten anderer Art.
Solche „Lebensweisheiten" klingen im Munde ihrer jugendlichen Sprecher recht befremdlich.

Detailgenauigkeit im Nebensächlichen einerseits und Aussparung von Wesentlichem andererseits stehen nicht nur in einzelnen Äußerungen nebeneinander, sondern bestimmen ganze Szenen. Nicht zufällig stammt das obige Beispiel für Wedekinds Sinn fürs Detail aus einer der drei Szenen zwischen Wendla und ihrer Mutter.
In diesen Szenen knüpft Wedekind an den zur Entstehungszeit seines Dramas vorherrschenden realistischen Stil des Naturalismus an. In manchen Szenen treibt er den Realismus gar so weit, wie kein Naturalist zu gehen gewagt hat, nämlich in der Darstellung der sexuellen Handlungen.

Man könnte Mutter Schmiedtin für eine nette Nachbarin halten, die Wendla einen Krankenbesuch abstatten will, durch den lediglich die Genreszene verlängert würde. Doch Frau Bergmanns Begrüßung Sie kommen recht lässt aufhorchen. Wozu kommt die Frau eben recht? Wir erfahren es nicht; die Szene bricht ab, ohne dass man Mutter Schmiedtin überhaupt zu Gesicht bekommen. Erst in der Schlussszene erfahren wir von dem vermummten Herrn den wahren Grund für ihren Besuch, der alles andere als eine harmlose Krankenvisite ist. Tatsächlich ist Wendla den Abortivmitteln der Mutter Schmidtin erlegen. Die vermeintlich teilnahmsvolle Nachbarin entpuppt sich als dilettantische Engelmacherin. Die Szene III/5 bricht also ebenso wie die Aposiopese vor der Hauptsache ab.

Die Szene III/5 widerspricht jedoch noch in anderer Hinsicht einer realistischen Gestaltungsweise. Mit dem Auftritt des Medizinalrates Dr. von Brausepulver kommt unübersehbar ein satirisches Element in die Darstellung. Noch stärker zum Tragen kommt dieses Element in der Konferenzszene, die man sich auch als aus dem Dramenkontext herausgelöste eigenständige Kabarett – Nummer vorstellen könnte. (Angesichts der Vertrautheit Wedekinds mit dieser Kunstform).

Das satirische Element äußert sich jedoch nicht allein in der Darstellung der Figuren und in deren Sprachverhalten, sondern ebenso in der Anordnung und Abfolge der Szenen, also nicht nur auf der Handlungsebene, sondern auch auf der der dramatischen Komposition. In der Auseinandersetzung zwischen den Eheleuten Gabor preist Herr Gabor die Vorzüge einer Korrektionsanstalt.

Die unmittelbar darauf folgende Szene zeigt das tatsächliche Leben in der Korrektionsanstalt, das Herr Gabor Lügen straft und dessen Ansichten konterkariert.

Ein weiteres der realistischen Darstellungsweisen widerstreitendes Element bilden die Monologe.

Völlig jenseits aller realistischen Darstellung liegt die Schlussszene des Dramas. In ihr nähert sich Wedekind einer Gegenströmung zum Naturalismus an, für die die Literaturgeschichtsschreibung sich auf keine einheitliche Bezeichnung hat festlegen können. Je nachdem, worauf man den Akzent legen will, spricht man von Neuromantik, Jugendstil oder Symbolismus.

d) Natur – Moral:

Tragik wird Frühlings Erwachen ausdrücklich meist aufgrund der Schlussszene abgesprochen, des guten Ausgangs wegen, indirekt aber auch dadurch, dass man die Jugendlichen in diesem Drama jeglicher moralischen Verantwortung enthoben sieht und ihnen damit völlig Schuldunfähigkeit zubilligt. Von einer Konzeption der Kindergestalten als reiner Naturwesen geht vor allem der lebensphilosophische Deutungsansatz aus. Moralisches Handeln aber ist den kindlichen Figuren der Kindertragödie fremd.

Gegen diese Unterstellung kindlicher Unschuld, die allenfalls Wendla für sich in Anspruch nehmen kann, ist zu Recht Einspruch erhoben worden. Die Heranwachsenden sind als männliche Protagonisten des Stücks durch ihre Reden längst in die ganz und gar nicht unschuldigen Diskurse der Sexualität verstrickt. Bei Melchior ist es nicht allein beim Reden geblieben, aber er ist weit davon entfernt, seine sexuelle Handlung an Wendla in irgendwelcher Weise zu rechtfertigen. In dem Selbstgespräch in der Korrektionsanstalt bezeichnet er sie als Vergewaltigung und in der Schlussszene hält er such für Wendlas Mörder. Dieses Schuldbewusstsein ist es doch, das Melchior an Selbstmord denken lässt. Dem vermummten Herrn gegenüber weist er ausdrücklich auf das moralische Motiv für seine Selbstmordabsicht hin: Ich kann Ihnen aber mit Bestimmtheit sagen, mein Herr, dass, wenn Moritz vorhin ohne weiteres die Hand gereicht hätte, einzig und allein meine Moral die Schuld trüge. Auch Moritz bekennt: Meine Moral hat mich in den Tod gejagt. Gewiss hebt die Bekenntnis zur Moral den Konflikt zwischen natürlichem Wollen und moralischem Sollen nicht auf, bleibt es dabei, dass in dem Drama der Konflikt zwischen bürgerlicher Ordnung und naturhaft elementarer Sexualität dargestellt wird.

Melchiors Überzeugung Es gibt keine Selbstlosigkeit! im ersten Akt und es gibt keine Liebe! – Alles Eigennutz, alles Egoismus! im zweiten Akt weicht im dritten der Erkenntnis: Handle ich, wie ich will, es bleibt Vergewaltigung und Ich bin der Mörder! Die sinnliche Lust als den wesentlichen Wert des Lebens vertritt am ehesten noch, seiner dramaturgischen Funktion entsprechend, der vermummte Herr. Sein Prinzip des Lebens um jeden Preis treibt er bis zum Zynismus. Von Wendla sagt er, dass die Kleine vorzüglich geboren hätte. Sie war mustergültig gebaut. Doch selbst der vermummte Herr muss die Realität gesellschaftlicher Moral anerkennen, auch wenn er seine Definition von Moral – wiederum zynisch – in eine mathematische Formel kleidet.

In seinen (Wedekinds) Dramen ist die Sexualität als Phänomen natürlicher Triebhaftigkeit nicht in einem gesellschaftlichen Bezirk realisierbar, sondern sie erscheint innerhalb der gesellschaftlichen Wirklichkeit. Das schließt Kritik an der Gesellschaft nicht aus.

e) Leben – Tod:
Der am weitesten gespannte Gegensatz des Dramas, der zwischen Leben und Tod, der in so auffälliger Weise die Schlussszene bestimmt, spielt eine wichtige Rolle in dem gesamten Stück. Gleich in der Eingangsszene überrascht Wendla ihre Mutter mit der Antwort auf deren Überlegungen zur weiteren Entwicklung ihrer Tochter.
„Wer weiß- vielleicht werde ich nicht mehr sein."
Dieser Satz passt ganz und gar nicht zu der ansonsten überaus kindlich- naiven Denkungsart und Redeweise Wendlas. Er fällt völlig aus dem Rahmen. Handelte es sich um eine bloße Vorausweisung, müsste man Wedekind eine plumpe literarische Technik bescheinigen, nicht jedoch, wenn man die Äußerung im thematischen Kontext der Szene auf Wendlas erwachende Sexualität bezieht. Ihre Todesahnung korrespondiert dann mit der Ahnung ihrer Körperlichkeit. (Wendlas Todesgedanken als Angst vor der erwachenden Sexualität)

Auch in der Schlussszene wird nicht allgemein das Leben dem Tod gegenübergestellt, sondern ganz gezielt der Selbsterhaltungstrieb dem Selbstzerstörungstrieb. Zu Melchiors Versuchung zum Selbstmord verzeichnet das Protokoll des Wiener Vortragabends folgende Bemerkung Freuds: Der Selbstmord sei allerdings .. der Gipfel des negativen Autoerotismus. Das Negative der Selbstbefriedigung sei der Selbstmord. Das lässt sich auch auf Moritz beziehen.

Bei Hänschen Rilow verursacht die wiederholte Selbstbefriedigung zwar Gewissensbisse, versetzt ihn jedoch nicht in existentielle Not und Todesangst und die Insassen der Korrektionsanstalt machen aus der Onanie gar einen Sport. Für die unwissende, aber ahnungsvoll ihrer erwachenden Sexualität ausgelieferte Wendla und für den übersensiblen Moritz dagegen wird die Pubertät zum Verhängnis, sie erliegen der Schwierigkeit des Übergangs von einer Lebensform in eine andere. Auch das macht Melchior zum Helden des Stücks, dass er diesen Übergang zwar mit Mühe, aber letztlich eben doch schafft. An Hand einer Maske verlässt Melchior den Friedhof, wissend, dass er überhaupt ein anderer werden kann und wird. Ein anderer wird er nach überstandener Pubertät nicht nur in Bezug auf die eigene Person, sondern er wird, so darf man hoffen, auch ein anderer Erwachsener als Hänschen Rilow und Ernst Röbel, aber auch als die Erwachsenen, die ihm in dem Stück begegnet sind. Dr. Reitler deutet in der Schlussszene das Gespenst Moritzens als Repräsentant des Wunsches, zur infantilen Sexualität zurückzukehren; der vermummte Herr dagegen repräsentiere die Sexualität der Erwachsenen. Dass auch die nicht ohne Risiko und auf Dauer nicht an der bürgerlichen Gesellschaft vorbei lebbar ist, mit welchen Mängeln diese auch immer behaftet sein mag, das zeigt die Figur Ilse, die der vermummte Herr als eine andere Maske seiner selbst bezeichnet. Ilse, deren Leben vollkommen der Sexualität gewidmet ist, weiß um deren Nähe zum Tod. Gegenüber Moritz äußert auch sie eine Todesahnung: Bis es an euch kommt, lieg ich im Kehricht. In Bezug auf Moritz und Wendla irrt sie sich, ob auch in Bezug auf Melchior, lässt Wedekind offen.

Frühlings Erwachen (Frank Wedekind)

A) Die Thematik:
1) Welche sind die 2 großen Handlungsstränge von FE von FW?
- die Sexualität (Wedekind hat sich damit anhaltend/ dauernd beschäftigt) und die Schule

2) Sind beide Themen für die Literatur neu?
- nein, beide Themen wurden um die Jahrhundertwende literarisch intensiv bearbeitet

3) Was ist also das Neue daran?
- das Neue daran ist die Verbindung dieser beiden Themen, d.h. die Darstellung sexueller und schulischer Probleme Jugendlicher während der Pubertät.

4) Was ist das Provokante daran?
- das Provokante daran ist bei FW: die Probleme, die die Pubertät mit sich bringt, werden aus der Sicht der Pubertierenden dargestellt.

5) Welche ist also die Konsequenz?
- der Zusammenhang der zwischen den sexuellen und schulischen Nöten besteht /Problemen, wird von den Jugendlichen nicht durchschaut, tritt daher in den Hintergrund.

6) Was musste also deswegen FW in FE machen?
- er musste in seinem Drama die Themen Sexualität und Schule trennen: sie sind zwar aufeinander bezogen, bilden aber eigenständige Handlungsstränge durch das Drama hindurch.

B) Die Sexualität:
1) Wie verhielt sich die Gesellschaft am Ende des 19.Jhdts. bezüglich Sexualität?
- im Umgang mit der Sexualität verhielt sich die Gesellschaft unaufrichtig /unehrlich.

2) Was bedeutete damals Sexualität?
- Sexualität galt damals als etwas Unappetitliches. Wer der Sexualität unterworfen war, redete nicht darüber, deshalb wurde Sexualität totgeschwiegen oder nur im ZH. mit den Ehepflichten gebracht: so bedeutete sie Tabu alles Geschlechtlichen.

3) Warum war die Sexualität ein Tabu?
- wegen der Doppelmoral der wilhelminischen Ära

4) Wer war Wilhelm der II? (?)
- ???

5) Woraus bestand diese Doppelmoral?
- die Bürger trugen eine Fassade der Anständigkeit. Dahinter gab es aber Wege und Mittel, um seine Sexualität auszuleben. Bsp. Arthur Schnitzler: Reigen 1900

6) Welchen Zweck verfolgt Arthur Schnitzler in Reigen?
- er verteufelt nicht die Sexualität, sondern entlarvt die Scheinheiligkeit im Umgang mit der Sexualität.

7) Welche Wege gab es, um seine Sexualität auszuleben?
- es gab unmoralische Wege, unehrliche, in Form von erkauften Möglichkeiten sexueller Triebbefriedigung außerhalb der Ehe für die Männer (käufliche Liebe).

8) War diese käufliche Liebe den Jugendlichen erlaubt als Ersatzbefriedigung?
- nein, den Jugendlichen wurde diese Möglichkeit sexueller Triebbefriedigung verwehrt. Man sprach den Jugendlichen jegliche sexuelle Regungen und Bedürfnisse auch noch über die Pubertät hinaus ab. (vgl. das Wort das Kind als Neutrum)

9) Gab es eine sexuelle Aufklärung der Jugendlichen?
- da die Jugendlichen keine eigene Sexualität haben durften, war die sexuelle Aufklärung somit überflüssig. Da die Sexualität laut Gesellschaft gegen die Natur verstieß, wäre die sexuelle Aufklärung widernatürlich gewesen.

10) Hieß es, dass die Jugendlichen ohne sexuelle Aufklärung leben konnten?
- nein, denn diese unmögliche sexuelle Aufklärung weckte trotzdem bei den Jugendlichen künstliche Bedürfnisse, deren Befriedigung nicht möglich war. Bsp. Hänschen Rilow mit seinem Harem

11) Welche Rolle hatten die Erwachsenen /Eltern?
- sie verdrängten die Erfahrungen der eigenen Jugendzeit und unterwarfen ihre Kinder der gleichen repressiven Sexualmoral, der sie selbst in ihrer Jugend ausgesetzt worden waren. Bsp. in FE Frau Bergmann: sie verhält sich wie ihre Mutter, die Sexualität wird totgeschwiegen.

12)   Welche sind seitens der Erwachsenen die Mittel zur Einhaltung dieser moralischen Prinzipien?
a) die gesellschaftliche und Familiäre Kontrolle, die de Begegnungen zwischen den Geschlechtern reglementierte / verbot
b) Die Abschreckung von autoerotischen Handlungen (z.b. Masturbation, Onanie etc.) Jugendlicher durch die Meinungen von Pädagogen und Ärzten Bsp. die Onanie rufe verheerende Schäden hervor.
c) der Einfluss der Kirche, die sexualfeindlich eingestellt war

13)   Was glaubten die Erwachsenen dadurch zu erreichen?
a) eine disziplinierte Gewissensbildung der Jugendlichen
b) eine gewaltsame Unterdrückung der aufkeimenden Sexualität bei den Jugendlichen

14)   Zu welchem Ergebnis führten am Ende des letzten Jahrhunderts die Anstrengungen der Gesellschaft, die aufkeimende Sexualität Jugendlicher gewaltsam zu unterdrücken?
-   Bsp. aus Stefan Zweig: die Generation, welcher jegliche Sexualität untersagt wurde, war viel erotischer disponiert (hatte vielmehr erotische Dispositionen) als die Jugendlichen, die (wie heute) eine höhere Freiheit in der Liebe kennen. Das erklärt die konzentrierten erotischen Dispositionen der jungen Protagonisten Wedekinds.

15)   Was denkt diese Generation, die sexuell unterdrückt wurde?
-   sie denken nicht, dass der gesellschaftliche Druck auf sie eine höhere Sittlichkeit gebracht hat. Sie denken eher, dass sie gegen alle gesellschaftlichen Institutionen misstrauisch und verbittert erzogen worden sind.

16)   Warum dieses Misstrauen und diese Verbitterung?
-   indem die Gesellschaft die sexuellen Bedürfnisse durch Verschweigen und Verdecken mit Hilfe eine unehrlichen Moral (Stichwort Konvention) gewaltsam unterdrückt hat, hat sie den jungen Leuten etwas eigenes genommen, was ihrem Alter zugehörte (das Recht aufgeklärt zu werden).

17)   Wie alt war Wedekind als er sein Werk veröffentlichte?
-   26

18)   Worauf ist Wedekind in seinem Werk aus?
-   er protestiert gegen die bürgerlichen Konventionen, gegen die unehrliche Moral, gegen die Tabus und bricht die Tabus der Gesellschaft.

19)   Ist er allein in diesem Kampf?

- nein. Man spricht von Modernen, die den Kampf gegen diese gesellschaftliche Haltung unternahmen.

20) Welche Intellektuelle gehörten zu diesen Modernen?
- es waren Intellektuelle aus verschiedenen Stilrichtungen: aus dem Naturalismus, dem Symbolismus, dem Jugendstil und dem Expressionismus. Sie kämpften gegen die Vätergeneration.

21) Welche war die wichtigste Ursache für diesen geistigen Aufbruch?
- es war S. Freud mit der Psychoanalyse.

22) Was verbindet Wedekinds FE mit Freuds wissenschaftlichen Erkenntnissen?
- zahlreiche Parallelen über die kindliche und jugendliche Sexualität.

23) Wodurch besaß Wedekind Kenntnisse auf diesem Gebiet?
- er hatte /besaß umfangreiche Kenntnisse durch die Lektüre der Fachliteratur über die Sexualforschung.

24) Welche sind die Ergebnisse der Freudschen psychoanalytischen Sexualforschung?
- Kindern und Jugendlichen werden Sexualität und sexuelle Bedürfnisse zum ersten Mal zugestanden. Gemeint wird, dass Heranwachsende eine sexuell polymorphe Phase durchmachen. Daher eine mögliche Homosexualität etc., das was früher als perverse Verhaltensweise angesehen war.

25) Welche sind die heutigen Resultate des klinischen Beweismaterials?
- sexuelle Gefühle, die sich in Onanie, Voyeurismus, Exhibitionismus und Sado- Masochismus ausdrücken, gehören zur normalen sexuellen Entwicklung Jugendlicher. Diese Betätigungen haben einen Übergangscharakter und das vorübergehende Erproben sexueller Möglichkeiten stellt sich später ein. Bsp. Hänschen Rilow: auf einer Seite stimuliert er sich mit weiblichen Aktdarstellungen und onaniert, auf der anderen Seite nimmt er eine homoerotische Beziehung zu Röbel auf. Das ist nicht mehr pervers.

26) Was ist Perversion für Wedekind?
- die Feststellung, dass es eine traurige Abweichung von der Normalität ist, und keine Kritik von ihm
Bsp. Melchior: er erzwingt durch die Vergewaltigung die genitale/ geschlechtliche Normalität (Geschlechtsakt /Coitus zwischen ihm und Wendla) , lässt sich jedoch zu sadistischen Handlungen hinreißen.
keine Perversion laut Wedekind auch keine Positivität im Geschlechtsakt zwischen Melchior und Wendla verglichen mit den sadistischen Handlungen.

27) Wie ist Wedekinds Meinung über seine Jugendlichen?
- er kritisiert ihr Sexualverhalten nicht und sieht in ihnen keine kleinen Perverse.

C) Die Schule:
1) Welche Stellung nimmt die Schule bei den Menschen ein?
- die Schulzeit sollte eine sinnvolle Zeit sein, weil sie im Menschenleben als sinnerfüllter Teil des Lebens gelten sollte.

2) Wie ist die Realität?
- die Schulzeit ist oft mit Langeweile, Ungeduld, Überdruss, Sinnlosigkeit, Identifikationslosigkeit, also mit Negativität verbunden.

3) Warum dieses negative/ vernichtende Urteil?
- weil die Schule kein Raum ist für die eigene /persönliche Gestaltung.

4) Wer widmete sich ausgiebig dem Thema Schule um die Jahrhundertwende?
- die erzählerische Dichtung:
z.B. Arno Holz und Johannes Schlaf : „Der erste Schultag" (Erzählung)
  Rainer Maria Rilke : „Die Turnstunde" (Erz.)
  Hermann Hesse: „Unterm Rad" (Erz.)
  Robert Musil: „Der Zögling Törless" (Erz.)
  Franz Werfel: „Der Abituriententag" (Roman)
  Friedrich Torberg: „Der Schüler Gerber" (Roman)

5) Welchen Platz nahm die Schulzeit in den Werken, die vor den obigen erschienen sind, ein?
- die Schulzeit war nur eine Episode im Rahmen von autobiographischen Romanen oder von Entwicklungsromanen.

6) Welchen Platz nimmt jetzt die Schulzeit in den obigen Werken ein?
- sie nimmt den Platz eines eigenständigen Themas ein (Frage 4)

7) Warum gab es diese literarische Aufwertung des Themas Schule?
- wegen der wachsenden Bedeutung der schulischen Ausbildung im Laufe der zweiten Hälfte des 19. Jhdts. (im Gegensatz dazu gab es in der ersten Hälfte des 19 Jahdt. Kinderarbeit, somit war die schulische Ausbildung ziemlich unwichtig)

8) Warum wurde die schulische Ausbildung aufgewertet?
- weil die Industrie (industrielle Revolution) und die Wirtschaft in der zweiten Hälfte des 19. Jhdts bessere und spezieller ausgebildete Arbeitskräfte

verlangen, die eine verlängerte und stärker auf die Bedürfnisse der Wirtschaft ausgerichtete schulische Ausbildung vorweisen müssen.

9) Was verursachte die Ausdehnung der Schulzeit mit sich?
- die Schulzeit konnte als eigener Lebensabschnitt erfahren werden, daher die Bedeutung der Schulzeit für die Literatur.

10) Was zogen die Anforderungen des Arbeitsmarktes an die Schulabgänger mit sich?
- da das humanistische Gymnasium nach Humboldt'scher Prägung (die einzige weiterführende Schule der vorwilhelminischen Zeit) diese Anforderungen nicht mehr allein erfüllen konnte, wurden neue Schulformen (Realschule, Oberrealschule, Realgymnasium) als Konkurrenz zum Gymnasium entwickelt.

11) Welche Schüler besuchten dann nach wie vor das Gymnasium?
- die Kinder aus den höheren Gesellschaftschichten

12) Welches Problem entstand durch diese Konkurrenz?
- die Schüler gerieten zunehmend unter Leistungsdruck, noch verstärkt vom Ehrgeiz der Eltern.

13) Welche elterliche Meinung war damals vorhanden?
- die Eltern wollten ihre Kindern Vorteile verschaffen durch höhere Schulabschlüsse, damit sie bessere Arbeitsplätze und höhere gesellschaftliche Positionen bekommen. Somit vergab die Schule gute Lebenschancen und ermöglichte durch eine bessere Qualifikation den Zugang zu den begehrten Berufen. das ist das Problem bei Wedekind.

14) Worauf muss die Schule Rücksicht nehmen?
- auf die Interessen der Wirtschaft
- auf die Politik (als staatliche Einrichtung)

15) Was passierte am ersten Mai 1889?
- Wilhelm der II richtete an die Regierung einen Erlass, der die Einflussnahme der Schule unterdrückte.

16) Was verlangte Wilhelm der II durch diesen Erlass?
- die Schule musste der Ausbreitung sozialistischer und kommunistischer Ideen entgegenwirken, wurde somit ein Werkzeug der Politik. Die Schüler und die Lehrer, die zu politischen Vollzugsbeamten degradiert wurden, wurden in ihrer freien geistigen Entfaltung gehindert.

17) Was war in dieser Zeit ein Lehrer?

- ein Lehrer war ein Beamter, der an den Lehrplan, der von der Behörde vorgeschrieben war, gebunden war, der sein Arbeitspensum erledigen musste und der sich nach der Freiheit, nach dem Schulglockenschlag sehnte, laut Stefan Zweig ein armer Teufel

18) Was dachten die Schüler von ihren Lehrern?
- Die Schüler erfuhren das ihnen verordnete Pensum unmittelbar von ihren Lehrern, somit machten sie ihre Lehrer dafür verantwortlich (nicht die Schulbehörde und nicht die politische Instanz).

19) In welchem Bereich waren die Schüler beschränkt?
- sie waren dadurch beschränkt, dass ihre Schulzeit sich verlängerte. Daher verlängerte sich auch die Abhängigkeit der Schüler vom Elternhaus.

20) Welche Probleme brachte eine verlängerte Schulzeit mit sich?
- die Schüler hatten keine finanzielle Unabhängigkeit, sie hingen von der finanziellen Lage der Eltern ab und hatten keine soziale Anerkennung(im Gegensatz zur ersten Hälfte des 19.Jhdts. Kinder der Kinderarbeit).
- durch die Verlängerung der Schulzeit verlängert sich die Kindheit, die Zeit der Unmündigkeit, die Zeit, in der die Eltern Macht über ihre Kinder ausüben können. Bsp. ein 18jähriger Gymnasiast bekam eine Strafe, wenn er rauchte, und musste aufzeigen, wenn er aufs Klo wollte.

21) Wie wirkte sich die verlängerte Schulzeit auf die Sexualität aus?
- bei erwerbstätigen Jugendlichen früherer Zeiten konnten die sexuellen Beziehungen zu Tage treten /sich sehen lassen
- bei den jetzigen nicht erwerbstätigen Jugendlichen mussten die Triebe unterdrückt werden.

22) Was galt in der Schule und in der Gesellschaft als Voraussetzung für den schulischen Lernerfolg?
- das Ignorieren der eigenen Sexualität, daher gab es keine Sexualerziehung

23) Wer forderte zum ersten Mal von der Schule die Sexualaufklärung für die Kinder?
- S. Freud

24) Wie war die Reaktion darauf?
- Entsetzen der Gesellschaft

25) Wie drückt sich der ZH beider Themen: Sexualität und Schule in FE aus?
- der ZH zwischen Sexualität und Schule wird im Drama von den Erwachsenen geleugnet und sogar auf den Kopf gestellt /verdreht.

Um den guten Ruf des Gymnasiums zu wahren, dem durch Moritz'
Selbstmord /Freitod geschadet werden könnte, muss dessen wahrer Grund
verschwiegen werden und Melchiors für seinen Freund verfasste
Aufklärungsschrift als vorgeschobene Erklärung herhalten.

26)   Wie bewertet man diese Reaktion?
- die Gesellschaft rührt sich nicht. Nur die Frau Gabor durchschaut diese
perfide Auslegung der Tatsachen: ihrer Meinung nach brauchte man einen
Sündenbock und man durfte die überall lautwerdenden Anschuldigungen
nicht auf sich beruhen lassen.

27)   Geht Frau Gabor im Aufdecken der Wahrheit bis zum Schluss?
- Nein, sie verrät nicht, worin diese Anschuldigungen bestehen.

28)   Welcher ist der eigentliche Grund von Moritz' Freitod?
- er ist wahrscheinlich das Opfer elterlichen Ehrgeizes und schulischer
Überforderung

29)   Wurde Wedekind als Schüler mit einem Schülerselbstmord konfrontiert?
- ja, mit dem Selbstmord seines Mitschülers Frank Oberlin 1881

30)   Wurde Wedekind mit dieser (anormalen) Sexualentwicklung konfrontiert?
- nein, weder in seiner Familie noch in der Schule

D) Aufbau des Dramas
1) Erster Akt = Exposition:
a) erste Szene: Mutter – Tochter (Thema: Sexualität)
- eine belanglose Plauderei zwischen Mutter und Tochter, ob Wendla noch ihr
Prinzesskleidchen tragen darf, oder nun ein langes Kleid anziehen muss.
Zusammenhang zwischen dem Alter der Tochter und der Länge des Kleides :
die Mutter will das Kleid länger machen, weil ihre Tochter das Interesse des
männlichen Geschlechts zu erregen beginnen könnte, das verschweigt sie der
Tochter.
die Tochter ist sich noch ihrer eigenen Geschlechtlichkeit und ihrer
möglichen Wirkung auf das andere Geschlecht nicht bewusst. Sie möchte
Kind bleiben und reagiert wie ein Kind, sie verhält sich naiv.
die Verschwiegenheit der Mutter und die Naivität der Tochter führen zu
keiner Konfrontation, daher ist das Thema Sexualität indirekt ausgesprochen:
der Zuschauer sieht den Zusammenhang Kleid- Alter- Interesse der Männer,
Wendla sieht diesen Zusammenhang nicht.
- weitere erotische Vorstellung evoziert durch Wendla: sie will nichts unterm
Gewand tragen , im Gegenlicht kann man ihre Körperkonturen sehen. Der

Zuschauer sieht den Zusammenhang Wendla hat nur eine Ahnung über ihre Geschlechtlichkeit.

b) Szene 2: Junge – Junge (Thema Sexualität)
Gespräch zwischen Melchior und Moritz um die Erscheinung, die der Eintritt der Geschlechtsreife bei Jungen auslöst.
- beide Jungen haben schon männliche Regungen empfunden. Bei Moritz haben sie eine Verstörung und Schuldgefühle hervorgerufen, bei Melchior nicht, weil er über die biologischen Zusammenhänge informiert ist
- Moritz weiß nichts über den Vorgang der Zeugung, er will sich von Melchior in Form einer schriftlichen Unterweisung aufklären lassen

c) Szene 3: 3 Mädchen: (Thema Sexualität)
Martha, Wendla, Thea
Gespräch zwischen 3 Mädchen über das Kinderkriegen. Noch dazu erotische Elemente, die den Mädchen unbewusst sind:
- Martha ohne Hemd auf der Straße: Anspielung auf Straßenmädchen. Marthas Reaktion ahnungslos über die Kommentare der Eltern.
- Wendla: Wendlas Interesse an den Schlägen, die Martha regelmäßig von ihren Eltern bezieht. Unbewusste masochistische Wünsche
- auffälliges Interesse der 3 Mädchen an ihren Klassenkameraden

d) Szene 4: Jungenszene (Thema: Schule)
Melchior, Moritz, Georg, Otto, Lämmermeier und Robert
- Moritz' ungeheuerliche Tat ins Konferenzzimmer eingedrungen zu sein und Einblick in das Protokoll der Versetzungskonferenz genommen zu haben, hat bei seinen Kameraden Interesse geweckt. Somit steht Moritz im Mittelpunkt des Gespräches. Er kann zusammen mit Röbel in die nächste Klasse probeweise aufsteigen, deshalb ist er überglücklich. Wäre er nicht aufgestiegen, hätte er sich umgebracht, das was die Mitschüler nicht ernst nehmen (vgl. Wendlas Vorausweisung auf ihren frühen Tod in der ersten Szene, die von ihrer Mutter nicht ernst genommen wurde)

e) Szene 5: Melchior + Wendla (Thema: Sexualität)
Begegnung von einem Jungen und einem Mädchen zufällig im Wald. Wendlas Traum, von ihrem Vater geschlagen zu werden, bedeutet einen verdrängten Wunsch vom Vater geliebt zu werden. Ihr Verlangen nach Liebe hat sich verwandelt in den Wunsch vom Vater geschlagen zu werden. Laut Freud wird diese Phantasie dem unbewussten Schuldgefühl wegen der sexuellen Unterwerfung unter den Vater zugeschrieben. Für Wendla bedeutet geschlagen werden etwas Grauenvolles, se bittet trotzdem Melchior darum, er zögert am Anfang, dann aber drischt er mit den Fäusten auf sie ein. Auf ein masochistisches Verlangen Wendlas hin antwortet Melchior mit einem

sadistischen Ausbruch, beides wurde nicht vorbereitet, sondern spontan ausgeführt.

f) Fragen:
- Wie wird der erste Akt von FE aufgebaut?
- Welchen Stellenwert hat die Sexualität? Die Schule?
Sexualität viel mehr, Schule nur eingeschoben
- Welche sind die Protagonisten der Sexualität?
vorwiegend Melchior und Wendla
- Welcher ist der Protagonist für die Schule?
vorwiegend Moritz
- Was erfährt man über die Protagonisten der Sexualität?
- Was erfährt man über den Protagonisten der Schule?
- Sind die Protagonisten der Sexualität sich ihrer eigenen Sexualität bewusst? Warum?
- Ist der Protagonist der Schule sich seiner schulischen Lage bewusst? In wie fern?
- Wie werden die Eltern charakterisiert im ZH mit dem Thema Sexualität?

2) 2.Akt: Handlungen und Nicht – Handlungen:
a) Szene 1: Fortsetzung des Gesprächs zwischen Melchior und Moritz. 2/3 beziehen sich auf Thema Schule; 1/3 bezieht sich auf Thema Sexualität, mit recht abruptem Wechsel zwischen beiden Themen durch Frau Gabors Frage nach Melchiors Lektüre (Goethes Faust)
b) Szene 2: Fortsetzung des Gespräches zwischen Wendla und ihrer Mutter. Wendlas Bitte um Aufklärung über den Vorgang der Zeugung. Antwort ihrer Mutter: sie will die Blöße der Beine ihrer Tochter mit Volants verdecken und erst gelegentlich Wendla aufklären: erste Unterlassung, indem die erste Mutter des Dramas die Aufklärung verweigert
c) Szene 3: Darstellung sexueller Handlungen von Hänschen Rilow
d) Szene 4: Geschlechtsakt zwischen Melchior und Wendla, eine Handlung, die sich in der Mitte des Dramas, als Achsenszene, befindet.
e) Szene 5: Frau Gabor vereitelt Moritz' Auswanderungspläne, indem die ihm die Finanzierung der Überfahrt nach Amerika versagt. Sie will Moritz zeigen, dass ein Davonrennen keine Lösung für sein Problem ist. Sie verweigert aber ein aufrichtiges Gespräch mit ihm: zweite Unterlassung, indem die zweite Mutter des Dramas das Gespräch verweigert.
f) Szene 6: Wendlas Glück nach dem Geschlechtsakt
g) Szene 7: Moritz' Sebstmord (Handlung): Verzweiflungsakt als mögliche Konsequenz aus dem schulischen Versagen und der von Frau Gabor verweigerten Hilfe.
h) Fragen:
- Welche Handlungen gibt es im zweiten Akt? Warum und wozu finden sie statt?

- Welche Nicht – Handlungen (Unterlassungen) gibt es im zweiten Akt? Warum und wozu finden sie statt oder nicht?
- Welchen Platz nimmt das Thema Schule ein?
- Welchen Platz nimmt das Thema Sexualität ein?
- Charakterisiere den ZH zwischen beiden Themen!
- Welche Struktur weist der zweite Akt auf? Und warum?
- Welche Bedeutung misst du der letzten Szene Moritz' Selbstmord bei?

3) 3. Akt: Konsequenzen:
a) Moritz' Beerdigung: selbstverständliche Folge seines Selbstmordes
b) Wendlas Schwangerschaft: Folgenschwere Konsequenz des Geschlechtsverkehrs
- für Wendla: da Frau Bergmann schon bei ihrer älteren Tochter Ina die Unannehmlichkeiten eines ledigen Kindes erlebt hat (Ina hat 3 Kinder in 2 Ehejahren), will sie die erneute Schande eines unehelichen Kindes (durch einen nicht professionell durchgeführten Abtreibungsversuch) verhindern und damit verursacht sie Wendlas Tod (vgl. Faust Goethe Gretchen und Mutter: Umgekehrtes Motiv)
- für Melchior: die theoretische Beschäftigung mit der Sexualität, d.h. die für seinen Freund Moritz verfasste Aufklärungsschrift, bringt Melchior in eine unangenehme Lage, weil diese Schrift bei Moritz aufgefunden wird. Dieses Auffinden kommt den Eltern und den Lehrern sehr gelegen als Erklärung für Moritz' Selbstmord, um von den wahren Gründen abzulenken. Melchior wird zum Sündenbock abgestempelt und vom Gymnasium verwiesen. Nur seine Mutter verteidigt ihn, aber nur so lange, bis sie durch ihren Mann von der Vergewaltigung Wendlas durch ihren Sohn erfährt. Sie stimmt also auch der Einweisung in eine Korrektionsanstalt zu.
- die praktische Anwendung der Sexualität, d.h. die Schwangerschaft Wendlas, bringt bei Melchior gegenüber Wendla Schuldgefühle und treiben Melchior auf dem Friedhof an ihrem Grab in eine psychische Krise: er macht sich für Wendlas Tod verantwortlich und will sich das Leben nehmen, wird aber im letzten Moment vom vermummten Mann gerettet.

c) Fragen:
- Welche Konsequenzen ziehen die Handlungen nach sich?
- Welche Konsequenzen ziehen die Nicht- Handlungen/ Unterlassungen nach sich?
- Was symbolisiert das Freudenmädchen Ilse am Ende des zweiten Aktes?
- Was symbolisiert der vermummte Mann am Ende des 3. Aktes?
- Welchen Wert haben in der 4. und 6. Szene die sexuellen Handlungen jeweils zwischen den Burschen in der Korrektionsanstalt (Szene4) und zwischen Röbel und Rilow auf dem Weinberg (Szene6)?
- Welchen Platz nimmt die Schule ein?
- Welchen Platz nimmt die Sexualität ein?

- Wer versinnbildlicht den Tod und das Leben?

E) Figuren:
38 Personen

I)   Charakterisierung des Begriffes Personen:
Die Personen /Figuren in FE von FW setzen sich zusammen aus Nebenfiguren,
Episodenfiguren und Hauptfiguren.
1) Welche sind die Nebenfiguren?
a) Erwachsene: Winzer und Winzerinnen, der Schlossermeister, der Pedell
   /Habebald
b) Jugendliche: als Mädchen z.B. Thea; als Junge z.B. Otto, Robert, Georg,
   Lämmermeier

2) Welche Bedeutung haben die Nebenfiguren?
Sie treten in einer einzelnen Szene auf, erfüllen ihre Funktion innerhalb dieser
Szene z.B. der Schlossermeister, als er an den Leiter der Korrektionsanstalt eine
Frage stellt, ob er Schmiedeeisen für das Fenstergitter haben will.

3) Welche sind die Episodenfiguren?
a) als Erwachsene: Herr Gabor, Pastor Kahlbauch, Medizinalrat Dr. von
   Brausepulver
b) als Jugendliche: die Jungen der Korrektionsanstalt und Hänschen Rilow
c) am Rande: der vermummte Herr und das Freudenmädchen Ilse

4) Welche Bedeutung haben sie?
Die Erwachsenen sind für das gesamte Drama bedeutend, egal in wie vielen
Szenen sie auftreten. Die Jugendlichen verkörpern das Thema pubertäre
Sexualität (z.B. Gruppenonanie). Hänschen Rilow ist allein im Onanie-
Monolog und mit Röbel zusammen in der Szene der homo- erotischen
Beziehung. Alle diese Personen haben keinen Anteil zu der Haupthandlung.
Der vermummte Herr spielt eine wichtige Rolle (als Teil von Melchiors Seele
und Psyche) und Ilse hätte Moritz am Leben erhalten können, hätte er mit ihr
seinen ersten Geschlechtsakt verrichtet.
Der vermummte Herr gehört zu den Erwachsenen, Ilse gehört vom Alter her zu
den Jugendlichen, trennt sich aber von ihnen durch ihre Lebensweise
(Aktmodell und Prostituierte), und lebt somit außerhalb der bürgerlichen
Konvention das Leben eines Erwachsenen.

5) Welche sind die Hauptfiguren / Handlungsträger?
a) als Erwachsene: Frau Gabor und Frau Bergmann (die zwei Mütter der
   Stückes)
b) als Jugendliche: Melchior, Moritz und Wendla

6) Welche Bedeutung haben sie?
die Erwachsenen sind borniert und engstirnig, die Jugendlichen sind offen,
deshalb unsicher und ungesichert.

7) Welches ist das eigentliche Thema des Dramas?
der Selbstfindungsprozess der Jugendlichen, das Ringen der Jugendlichen um
einen Identitätsgewinn, die Erschwernisse der Identitätsfindung der
Jugendlichen, die Unterdrückung der Aufklärung seitens der Erwachsenen, der
Zusammenhang und der Stellenwert der Sexualität und der Schule

8) Wie vollzieht sich der Vorgang Sexualität – Schule bei den Hauptpersonen?
unterschiedlich
a) bei Melchior, weil er intellektuell veranlagt ist
b) bei Wendla , weil die kindlich und naiv ist
c) bei Moritz, weil er schwermütig ist

II)   Die Jugendlichen und die Erwachsenen:
1) Wieviel Platz wird im Drama den Jugendlichen eingeräumt?
11 von 19 Szenen

2) Wieviel Platz wird im Drama den Erwachsenen eingeräumt?
2 von 19 Szenen

3) Wann treffen Jugendliche und Erwachsene aufeinander?
Wendla und ihre Mutter 3x und noch dazu die Szene von Moritz und Ilse

4) Gib ein Beispiel, in welchem die Personengruppen nacheinander auftreten?
bei Moritz' Begräbnis treten zuerst die Erwachsenen, dann die Jungen und
schließlich die Mädchen ans Grab.

5) Welche Begegnung kommt Drama nicht vor?
zwischen Kindern und Vätern

III)   Familien:
1) Wie viele Familien gibt es im Stück?
Wenn man Martha Bessels Familie ausschließt, 3: die Gabors, die Bergmanns
und die Stiefels.

2) Unterschiede zwischen diesen Familien?
a) Martha Besssels Familie: Man hört nur von den Erziehungsmethoden der
   Familie aus Marthas Erzählungen.
b) Gabors: die Familie ist als einzige komplett.
c) Bergmanns: bei Frau Bergmann fehlt der Vater.

d) Stiefels: bei Stiefels fehlt die Mutter z.B. am Grab

3) Wie ist der soziale Hintergrund der drei Familien?
unter Ausschluss von Marthas Familie
alle drei Familien sind bürgerliche; Bergmanns und Stiefels sind Kleinbürger,
Herr Stiefel ist ein Rentier (Pensionist), daher muss Moritz ein Spätkömmling
sein. Frau Bergmann hat eine ältere Tochter, daher muss Wendla eine
Nachzüglerin sein. Gabors gehören zum gehobenen Bügertum, weil der Vater
Jurist ist.

4) Welches Bild bot eine bürgerliche Familie am Ende des 19.Jhdts.?
Die Familie war durch eine klare Hierarchie und eine eindeutige
Rollenverteilung gekennzeichnet.

5) Welche Rolle besaß der Vater?
Er war alleiniger Ernährer und Berufstätiger der Familie, daher übte er eine
unbestrittene Autorität aus.

6) Welche Rolle besaß die Mutter?
Sie kümmerte sich um den Haushalt und um die Erziehung der Kinder, nicht
aber um die berufliche und/oder politische Laufbahn ihres Mannes. Bsp. Die
Mütter dominieren in FE gegenüber Vätern.

7) Charakterisiere die Familie von Moritz!
Moritz hat einen Vater und eine Mutter, die nicht am Begräbnis teilnimmt.
Moritz leidet unter der Autorität und unter dem Erwartungsdruck seines Vaters,
der den schulischen Erfolg seines Sohnes erzwingen will und ihn somit in den
Selbstmord treibt. Verhältnis zwischen Vater und Sohn (vgl. Begräbnisszene:
„Der Junge war nicht von mir"; er verleugnet seinen Sohn; er verleugnet die
Abstammung seines Sohnes)

8) Charakterisiere die Familie von Wendla!
Wir erfahren von der Mutter und von einer älteren Schwester, aber nichts von
einem Vater. Es heißt somit er ist weg oder verstorben. Kennzeichnend ist, dass
diese Familie vor allem mit dem Thema Sexualität verbunden ist. Die 2
Gesichter der Frau Bergmann: ihre Ausweichversuche und ihre fehlende
Handlungsbereitschaft bei der Aufklärung der Sexualität ist ihr erstes Gesicht,
ihre Aktivität beim Besorgen einer Kurpfuscherin ist ihr zweites Gesicht. Ihr
erstes Gesicht wird bedingt durch die Tabuisierung der Sexualität, ihr zweites
Gesicht wird bestimmt durch die Angst vor der Schande eines unlegitimen
Kindes.

9) Charakterisiere die Familie Melchiors!

a) Frau Gabor: sie ist aufgeschlossen und liberal den Jungen gegenüber und somit anders als alle andere Erwachsene. Bsp. sie hält frische Luft für wichtiger als ein korrektes Mittelhochdeutsch und stellt die Gesundheit der Kinder höher als deren schulische Erfolge. Sie glaubt an ihren Sohn und verteidigt sein Verhalten im Disput mit ihrem Mann nach dessen Vorschlag einer Korrektionsanstalt. Daher Überlegenheit der Frau Gabor. Sie ändert aber ihre Meinung, weil ihr Sohn Melchior mit seiner sexuellen Aktivität (Wendlas Vergewaltigung) sich dem mütterlichen Einfluss und der mütterlichen Kontrolle entzogen hat: So verkörpert sie die Moral der Gesellschaft am Ende des 19. Jhdts.

b) Herr Gabor: er ist seiner Frau unterlegen, kann nur allgemeine Behauptungen entgegensetzen Bsp. die Ziele der Korrektionsanstalt

c) der Sohn Melchior: Die Eltern fällen ihre Entscheidung ohne ihn zu fragen. Somit scheint er untergeordnet zu sein (vergleicht man aber die Tatsache, dass Frau Gabor an Moritz schreibt und nicht mit Moritz spricht, könnte man auch sagen, dass sowohl bei Moritz als auch bei Melchior die Frau Gabor eine direkte Konfrontation vermeiden will.).

IV)   Der Rollentausch zwischen Jugendlichen und Erwachsenen:
1) Sind Jugendliche – wie Erwachsene – auf eine Konfrontation mit den Erwachsenen aus oder nicht?
nein, obwohl die meisten von ihnen entweder unter den Eltern oder den Lehrern oder beiden zu leiden haben. Somit ist das Drama nicht ein Drama über einen Generationskonflikt.

2) Wie verhalten sich die Jugendlichen den Erwachsenen gegenüber?
Sie nehmen die Behandlung hin, ohne sich dagegen aufzulehnen oder zu rebellieren.

3) Beispiele von Verhalten Jugendlicher:
Martha: wird von ihrem Vater krumm geschlagen, von ihrer Mutter über Nacht ins Kohlenloch gesperrt, muss auch im Sack schlafen. Sie rebelliert aber nicht.
Moritz: arbeitet bis zur Erschöpfung, weil er Angst hat, dass bei seinem Nichtaufsteigen der Vater einen Schlag bekommt und die Mutter ins Irrenhaus kommt. Als er es trotzdem nicht schafft und deshalb beschließt sich umzubringen, spricht er seine Eltern von jeglicher Schuld frei.
Wendla: sie fleht ihre Mutter um Aufklärung an und will ihr dabei das Reden erleichtern.

4) Wie behandelt FW die Erwachsenen in FE?
nicht die Jugendlichen sind den Erwachsenen ausgeliefert, sondern umgekehrt. Die Erwachsenen leiden unter der schonungslosen Kritik der Jugendlichen und erscheinen lächerlich.

5) Wo kommt diese Lächerlichkeit am besten vor?
in der Konferenzszene

6) Was drückt diese Konferenzszene aus?
sie drückt eine Karikatur aus der Sicht der Schüler aus.

7) Wodurch zeigt sich diese lächerliche Karikatur?
a) durch die Spitznamen des Rektors, der Gymnasialprofessoren und aller
   Autoritätspersonen (z.B. Pastor, Medizinalrat, Direktor der
   Korrekionsanstalt) Bsp.?
b) durch das Verhalten dieser Personen Bsp. das Stottern von Zungenschlag, der
   Disput im Konferenzzimmer, die Unfähigkeit des Medizinalrates (keine
   Erkennung der Schwangerschaft, Therapie, Auskünfte über adelige
   Patientinnen), unchristliches Verhalten des Pastors (Verdammungsurteil von
   Moritz), unschmackhafte und perfide Äußerungen der Erwachsenen am Grab
   Moritz' (Onkel Probst, Rektor Sonnenstich, Rentier Stiefel)

8) Wie verhalten sich die Jugendlichen am Grab?
zwar wird die Trauer um den toten Moritz ziemlich schnell von den alltäglichen
Schulproblemen verdrängt, sie drücken aber doch ihre Betroffenheit in Sätzen
oder mit Blumen aus.

9) Zusammenfassen: Was führt FE uns vor?
eine verkehrte Welt: Jugendliche benehmen sich wie Erwachsene, die
Erwachsenen wirken kindisch.

V)   Die Beziehung zwischen Melchior und Wendla:
1) Was ist ein offenes und ein geschlossenes Drama?
a) ein geschlossenes Drama: es besitzt die 3 Einheiten, nach dem griech. Prinzip
   (Ort, Zeit, Handlung)
b) ein offenes Drama: nicht
- die Zeit: erstreckt sich vom 5Mai bis zum 27 Okt., nicht 1 Tag!
- Ort: mehrere Schauplätze (nicht ein Ort)
- Handlung: keine durchgehende Handlung (keine geschlossene Handlung)

2) Charakterisiere die erste Begegnung zwischen beiden!
Melchior ist Gesprächsgegenstand der Mädchen, Wendla spricht mehr über ihn
als die anderen, man vermutet eine Beziehung zwischen beiden

3) Charakterisiere die 2. Begegnung !
rein zufällig im Wald, die Tätigkeiten: Wendla sucht Waldmeister, Melchior
grübelt; Verhör: Melchior will wissen , warum Wendla armen Familien Essen
und Kleidung bringt; Schlagphantasien Wendlas und sado- masochistische
Handlungen; erster sexueller Kontakt.

4) Charakterisiere die 3. Begegnung!

die Achsenszene des Dramas: Wendla folgt Melchior auf den Heuboden aus Verlangen nach ihm; Melchior weist sie von sich und bedroht sie aus Angst der erotischen Ausstrahlung Wendlas und weil er seinem eigenen Geschlechtstrieb nicht widerstehen kann; Melchior nutzt Wendlas Unwissenheit aus; es gibt keine Liebe, sagt Melchior; Wendla weiß aber von ihrer Mutter, dass man, um ein Kind zu bekommen den Mann lieben muss, mit dem man verheiratet ist. Da Wendla weder mit Melchior verheiratet ist, noch ihn bewusst liebt, besteht somit keine Gefahr, dass Wendla von Melchior ein Kind durch den Geschlechtsakt bekommt. → es ist somit ein Verdrehen der Tatsachen durch Wendla
Noch dazu: Melchior küsst sie. Wendla verdreht das nocheinmal. Sie denkt, dass man sich liebt, wenn man küsst (normalerweise umgekehrt: man küsst, wenn man liebt). Da Melchior von der Liebe nichts hält, sie trotzdem küsst, mit ihr nicht verheiratet ist, dann gibt es keine Liebe und somit kein Kind.
Es kommt zum Geschlechtsakt. Es ist keine richtige Vergewaltigung.
Wer schuld ist, ist die Mutter mit der mangelnden Aufklärung.

5) Charakterisiere die 4. Begegnung!

sie erfolgt mit der toten Wendla auf dem Friedhof, da wo Melchior zum Selbstmord entschlossen ist.
Moritz spielt die Rolle des Wiedergängers / des Zurückkehrenden Verstorbenen, der einen bekannten Menschen in den Tod nach sich ziehen wird, indem er die Vorzüge seines Zustandes preist. Moritz repräsentiert Melchiors Lebensmüdigkeit, Todeswunsch.
Der vermummte Herr ist Moritz Gegenspieler, der Melchior dem Tod zu entreißen versucht um ihn zum Weiterleben zu überreden. Der vermummte Herr repräsentiert Melchiors Lebenswille und Selbsterhaltungstrieb (Tod – Leben)

VI)   Die Sprache:
1) Wie ist die Sprache der Figuren?
Die Figuren sprechen nicht de eigene Sprache (vgl. Rollentausch)
a) Jugendliche reden wie Erwachsene: ihre Sprache ist mit Vergleichen aus der Mythologie, mit Zitaten aus der Weltliteratur und aus der Kunst (Rilow) gespickt. Es ist ein typisches Verhalten für Pubertierende, dass sie geschwollener reden.
b) Erwachsene reden wie Kinder: Frau Bergmann und ihre Infantilität (Storch); Rektor Sonnenstich und der Anschein gedanklicher Tiefe / Verballhornung der deutschen Sprache (Tiraden in der Konferenzszene); die Gymnasialprofessoren und ihr sprachlicher Aufwand als Gegensatz zum banalen Gesprächsgegenstand (Auf- oder Zumachen des Fensters = Lächerlichkeit);

die Erwachsenen an Moritz' Grab und ihre perverse Sprache (makabre und zynische Bemerkungen und unangemessene Wortwahl).
Zusammenfassend kann man sagen, dass die Sprache der Erwachsenen unter dem Niveau bleibt, dass ihrem sozialen Status entspricht.

2) Warum gibt es im Stück eine große Anzahl von Monologen?
weil die Jugendlichen niemanden haben, mit dem sie ein Zwiegespräch führen können.

3) Die Szene mit Hänschen Rilow:
Das ist ein Monolog, der als Dialog /Zwiegespräch mit einer Reproduktion der Venus von Palma Vecchio gilt. Die Abbildung gilt als Ersatz für eine Sexualpartnerin, als sexuelle Stimulation. Der Raum ist der Abort. Die Handlung ist die Onanie, weil Rilow eine musterhafte Erziehung genossen hat. Er hat dabei Schuldgefühle und ein schlechtes Gewissen, ist somit ein Repräsentant dieser Jugendlichen, wie die Gesellschaft sie geschaffen hat.

4) Wendlas Monolog:
ist eine Art Dialog mit Frage und Antwort, die die Unsicherheit, die Ratlosigkeit, die Sprachlosigkeit Wendlas über ihr Tun und somit die Einsamkeit ausdrücken.

5) Moritz Monolog:
Entscheidungsmonolog / Reflektionsmonolog vor einer folgenschweren Entscheidung /Selbstmord
kein Wort über sein Selbstmordmotiv, kein Wort über sein schulisches Versagen, kein Wort über die Schande, die er damit seinen Eltern zu bereiten glaubt. Eher Sprache über das Thema Sexualität. Ilses Angebot wird nicht angenommen, vielleicht aus Angst, im Stück mit Vorwand er müsse noch Schularbeiten erledigen.

VII) Innenraum – Außenraum:
1) Wo treten Erwachsene auf?
im Innenraum, in geschlossenen Räumen

2) Warum?
Weil der geschlossene Raum die Borniertheit und Engstirnigkeit der kleinbürgerlichen Gesellschaft und ihre Denkungsart symbolisiert. Bsp. Konferenzzimmer mit Zumauern der Fenster

3) Wann treten Jugendliche in geschlossenen Räumen auf?
wenn sie der Herrschaft der Erwachsenen unterworfen sind. Z.B. Melchior im Konferenzzimmer bei der Anklage, Melchior in der Korrektionsanstalt (Fenster mit Schmiedeeisen)

4) Wo treten Jugendliche auf?
in der Natur

5) Warum?
weil die Natur unverdorbener Mensch, naives Kind, unberührte Schöpfung heißt
Bsp. Melchior und Wendla im Wald; Wendla im Garten, Röbel und Rilow im
Weinberg

VIII) Komik und Tragik:
1) Ist dieses Drama komisch?
Bsp. ?

2) Ist dieses Drama tragisch?
Bsp.?

IX)   Leben und Tod:
1) Wo gipfelt der Gegensatz des Dramas Leben und Tod?
in der letzten Szene

2) Als was?
als Gegenüberstellung zwischen Selbsterhaltungs- und Selbstzerstörungstrieb

3) Was ist Selbstmord?
das Negative der Selbstbefriedigung, der Gipfel des negativen Autoerotismus

4) Was bewirkt Selbstbefriedigung?
a) bei Hänschen Rilow ? Gewissensbisse zwar, aber keine Todesangst
b) bei den Insassen der Korrektionsanstalt? eine Abreaktion, weil es eine Art
   Sport ist

X)   Literarische Anspielungen und Parallelen:
a) Shakespeares Othello: Zit. und Desdemona (Rilow Szene)
b) Goethes Faust:
- die Paktszene: der vermummte Herr verspricht Melchior: ich entschließe dir
   die Welt (siehe Mephisto)
- Gretchen- Handlung: Bergmanns Garten im Morgenglanz gegenüber
   Gretchens Stube

XI)   Die Rolle des Lehrers am Ende des 19. Jhdts.:
1) Welchen Status hat der Lehrer?
er ist Angestellter eines Gymnasiums, Beamter des Kultusministerium.

2) Wie hoch ist sein Gehalt?
nicht hoch

3) Wie lange muss er arbeiten?
5-6 Stunden, in 3-4 Fächern

4) Was ist er beruflich?
ein Fachwissenschaftler

5) Was für eine Arbeit muss er verrichten?
er muss den ihm vorgegebenen Lehrplan genau einhalten, anderenfalls wird er entlassen.

6) Wie groß sind die Klassen?
zwischen 60 und 70 Schüler, mehr Schüler als der Klassenraum fassen kann (vgl. Stück)

7) Welches Interesse hat der Lehrer?
da der Klassenraum zu klein ist, ist der Lehrer daran interessiert, dass möglichst viele Schüler sitzenbleiben.

8) Wie verläuft eine Unterrichtsstunde?
sehr diszipliniert, damit die Anforderungen des Lehrplans erfüllt werden

9) Wo sitzt der Lehrer?
oben, hinter einem Katheder

10)   Wo sitzen die Schüler?
unten, in Bankreihen, hintereinander so geordnet, dass der Lehrer sie alle im Blick hat.

11)   Was ist dabei wichtig?
die Rangfolge: in der ersten Reihe sitzt der Primus, daneben folgen die anderen guten Schüler; je weiter nach hinten die Schüler sitzen, umso schlechter sind ihre Leistungen. Ganz hinten ist die Eselsbank, da sitzen die Schüler, die sowieso nicht aufsteigen. Jede Woche wird die Rangliste überprüft und eventuell korrigiert.

12)   Wie müssen sich die Schüler im Unterricht verhalten?
sie müssen die Hande auf den Tisch legen und den Blick nach vorne gewandt halten. Wer den Platz verlässt, wird bestraft.

13)   Wie sehen die Hausaufgaben aus?

die Schüler bekommen viele Hausübungen und viel daheim zu lernen, damit die Stofffülle bewältigt werden kann.

14) Wie verläuft die Abprüfung des Stoffes im Unterricht?
Jeder Fehler wird in ein bestimmtes Buch geschrieben, bewertet wird dabei nicht nur die Beherrschung des Stoffes, sondern die Ausdrucksweise, die gebildet sein muss, und natürlich auch die Disziplin.

15) Was kennt ein Lehrer in der Klasse?
nur die Rangfolge der Schüler, die Fehler der Schüler, die Noten der Schüler, aber nicht die Namen der Schüler. Die Lehrer sprechen nie mit Schülern persönlich. Das interessiert die Lehrer auch nicht. Das würde der Autorität der Lehrer schaden. Pädagogische Probleme gibt es nicht. Sie müssen also nicht besprochen werden. Konferenzen sind überflüssig und stellen nur eine zusätzliche Belastung dar.

16) Was passiert aufsässigen Schülern?
Sie haben in der Schule nichts zu suchen. Sie sind unreif und asozial und müssen ausgeschlossen werden.

17) Welche Rolle fällt dem Rektor zu?
Er ist des Repräsentant des staatlichen Gymnasiums und in seinen Entscheidungen dem Kultusministerium gegenüber verantwortlich.

18) Welche ist seine wichtigste Aufgabe?
Sie besteht darin, den Ruf der Schule zu wahren, damit das Kultusministerium keinen Anlass findet die Schule zu schließen. Er muss Skandale mit allen Mitteln verhindern, damit die Schule das Wohlwollen des Ministeriums erhält (vgl. FE)

19) Was passiert, wenn ein Skandal geschieht?
Rektor und Lehrer werden suspendiert und arbeitslos.

20) Eindruck der Schule auf Stefan Zweig:
langweilig, überdrüssig, monoton, herzlos, geistlos, angstvoll, unfrei, verschlossen, unselbständig, unnatürlich, verhasst, zwangvoll, öde, unpersönlich, stumpf
Unterricht: langweilig, monoton
Lehrer: herzlos, geistlos, verschlossen, unnatürlich, verhasst, unpersönlich
Klima: angstvoll, unfrei, unnatürlich, öde
Stoff: langweilig, monoton, stumpfsinnig, öde
Schüler: überdrüssig, angstvoll, unselbständig, unpersönlich, unfrei

21)   Wie war der Lehrplan?
nicht schlecht (weil nach 100 Jähriger Erfahrung sorgsam ausgearbeitet); er
hätte eine universale Bildung bringen können.

22)   Wie waren die Stunden?
durch den strengen Lehrplan und durch die trockenen Unterrichtsmethoden
wurden die Schulstunden unlebendig, dürr, kalt, automatisch, lieblos,
unpersönlich.

23)   Was bedeutete ein Schüler?
Er war kein Individuum, er war nur mit den Noten gut, genügend und
ungenügend bewertbar, hatte ein Pensum zu lernen und wurde geprüft, was er
gelernt hatte. Kein Lehrer fragte sie, was sie gerne lernen möchten.

24)   Wie war ein 18jähriger Gymnasiast behandelt?
(vgl. früher)

25)   Was übte die Schule auf die Schüler aus?
einen sehr großen Druck

26)   Wie verhielt sich die Schule der Sexualität gegenüber?
Sexualität bedeutet, die konventionelle Gesellschaft mit kritischem Sinn zu
beobachten; die lügnerische und doppelmoralische Welt der Lehrer und Eltern
mit Misstrauen zu betrachten; die Unaufrichtigkeit der Schule, der Familie und
der öffentlichen Moral kritisch zu beobachten; gegen den Druck zu rebellieren

27)   Welche Faktoren haben bei den Jugendlichen und ihrer Beziehung der
      Geschlechter zueinander eine Revolution /Verwandlung mit sich gebracht?
Die Emanzipation der Frau, die Freudsche Psychoanalyse, der sportliche
Körperkult und die Verselbständigung der Jugend, (die Industrielle Revolution)

28)   Was empfand man damals unter Sexualität?
ein anarchisches, darum störendes Element, das dem bürgerlichen Anstand
widersprach;

29)   Was bewirkten der soziale Druck, die mangelnde Aufklärung, das
      befangene Beisammensein mit dem anderen Geschlecht, die zahlreichen
      Verbote der Familie/ Kirche / Gesellschaft /Schule ?
das Versagte beschäftigte die Lust, das Verbotene irritierte das Verlangen, was
man nicht sah und nicht hörte, erträumte man, je weniger man vom Körper sah,
umso mehr erdachte man sich. (vgl. Frischmuth)

Frank Wedekind: „Frühlings Erwachen"

Bei „Frühlings Erwachen" von Frank Wedekind handelt es sich um eine Kindertragödie. Dieses Schauspiel in drei Akten beschreibt die Thematik der Schule, aber auch der Sexualität. Die Jugend, die von ihren Eltern nicht verstanden wird, versucht mit schulischen und sexuellen Problemen alleine fertig zu werden. Der Autor schildert die ineinander verstrickten Schicksale der drei Hauptpersonen, der vierzehnjährigen Wendla Bergmann, die von ihrer Mutter keinerlei Aufklärung erhält, und der ungleichen Freunde Moritz Stiefel und Melchior Gabor. Moritz ist ängstlich und quält sich, weil er von der Schule, aber vor allem von den Erwartungen seiner Eltern überfordert wird. Melchior wird tolerant erzogen und steht dem Leben realistischer gegenüber. Er verfasst eine Aufklärungsschrift, die er seinem Freund zusteckt. Er erreicht mit dieser Schrift aber nicht das, was er will. Anstatt seinen Freund von seinen schwermütigen Gedanken zu befreien, verstört er ihn noch mehr. Moritz wird nicht in die weitere Klasse versetzt, will zunächst nach Amerika fliehen. Da ihm das aber aus finanziellen Gründen unmöglich ist, bleibt ihm nur noch eine Fluchtmöglichkeit, der Selbstmord. Melchior trifft unterdessen auf Wendla, die ihn, ohne es zu wissen, erregt und mit ihrem sado-masochistischen Wunsch, sie zu schlagen, verwirrt. Es kommt zwischen beiden zum Geschlechtsakt im Heuboden. Wendla, die trotz heftigen Bittens von ihrer Mutter noch nicht richtig aufgeklärt ist und der Meinung ist, dass eine Schwangerschaft nur eintreten kann, wenn sie mit dem Mann verheiratet ist und ihn auch inständig liebt, ist sich , da nichts von beidem zutrifft, der Konsequenzen, die ihre „Tat" nach sich ziehen kann, nicht bewusst. Melchior wird wegen seiner Aufklärungschrift von der Schule verstoßen, da man in ihr eine gelegene Begründung für den Selbstmord seines Freundes zu sehen vorgibt, und er wird von den Eltern in eine Erziehungsanstalt geschickt.
Wendla, die glaubt, an Bleichsucht zu leiden, ist schwanger und stirbt an der von ihrer Mutter veranlassten Abtreibung.
In der letzten Szene flieht Melchior aus der Korrektionsanstalt und trifft an Wendlas Grab den toten Moritz und einen vermummten Herrn. Auch Melchior denkt an Selbstmord, da er sich am Tod Wendlas schuldig fühlt. Moritz bestärkt ihn in seinen Absichten und gaukelt ihm ein heiles Leben im Jenseits vor. In letzter Sekunde verhindert die vermummte Gestalt den Selbstmord.

Franklin Wedekind

Franklin Wedekind wird 1864 in Hannover geboren. Der Vater, amerikanischer Staatsbürger und Gegner des wilhelminischen Kaiserreiches, verlässt aus politischen Gründen Deutschland und erwirbt die Lenzburg im Kanton Aargau in der Schweiz. Dort besucht Franklin auch die Schule und schreibt bereits mit zwölf Jahren sein ältestes Gedicht „De scriptore". Im Gymnasium in Aarau gründet er den Schülerzirkel „Senatus Poeticus oder Dichterbund", schreibt ein Kinderbuch für seine jüngere Schwester und mehrere Gedichte. Zwischendurch erhält er wegen schulischer Schwierigkeiten Privatunterricht. In seiner Schulzeit ereignet sich auch der Selbstmord eines Aarauer Primaners. Nach dem Abitur studiert er 1884 ein Semester lang deutsche und französische Literatur in Lausanne, beginnt dann aber auf Wunsch seines Vaters das Jura-Studium in München. In der Zwischenzeit entstehen die ersten Novellen „Galathea" und „Fanny". Als er sein Jura-Studium vernachlässigt, entzieht der Vater ihm die finanzielle Unterstützung, weswegen er die Stelle des Vorstehers des Reklame- und Pressebüros der Firma Maggi in Zürich antritt. Nach dem Tod des Vaters übersiedelt er nach München und beginnt 1890 „Frühlings Erwachen. Eine Kindertragödie". Wedekind publiziert jetzt unter dem Namen Frank Wedekind. Nach Aufenthalten in Paris und London reist er nach Berlin und wird schließlich Schauspieler, Regisseur und Sekretär des neugegründeten Ibsen-Theaters. 1896 gründet er die Zeitschrift „Simplicissimus" und veröffentlicht dort unter verschiedenen Pseudonymen. Wegen eines satirischen Gedichts auf Kaiser Wilhelm, das er in dieser Zeitung veröffentlicht, wird er zu sechs Monaten Festungshaft verurteilt. Danach entstehen Werke wie „Hidalla" , „Große Liebe", die „Büchse der Pandora" (deren Buchausgabe wegen des Vorwurfs der Unzüchtigkeit beschlagnahmt wird.)
Mit Kriegsbeginn werden zahlreiche seiner Aufführungen von der Zensur für unerwünscht erklärt.
Im März 1918 stirbt der Dichter.